逐梦

——读书·教学·感悟

景红娥◎著

中国财经出版传媒集团

经济科学出版社

Economic Science Press

·北京·

图书在版编目（CIP）数据

逐梦：读书·教学·感悟／景红娥著．－－北京：
经济科学出版社，2024.9．－－ISBN 978－7－5218－6342－0

Ⅰ．G633.302

中国国家版本馆 CIP 数据核字第 2024TJ1345 号

责任编辑：李　林
责任校对：王肖楠
责任印制：范　艳

逐　梦
——读书·教学·感悟
景红娥◎著
经济科学出版社出版、发行　新华书店经销
社址：北京市海淀区阜成路甲 28 号　邮编：100142
总编部电话：010－88191217　发行部电话：010－88191522
网址：www.esp.com.cn
电子邮箱：esp@esp.com.cn
天猫网店：经济科学出版社旗舰店
网址：http：//jjkxcbs.tmall.com
北京季蜂印刷有限公司印装
710×1000　16 开　14.5 印张　151000 字
2024 年 9 月第 1 版　2024 年 9 月第 1 次印刷
ISBN 978－7－5218－6342－0　定价：62.00 元
（图书出现印装问题，本社负责调换。电话：010－88191545）
（版权所有　侵权必究　打击盗版　举报热线：010－88191661
QQ：2242791300　营销中心电话：010－88191537
电子邮箱：dbts@esp.com.cn）

写下来，片刻即成永恒

时光荏苒，岁月缱绻，总是无情岁月易抛掷，有情之人易憔悴。人生的短暂与时间的永恒碰撞出灼热的花火，烫印于心间，让我们忍不住地去回望，去感悟，去怀恋。

其实，如何在短暂的光阴中觅得永恒，答案早已蕴藏于岁月的伏笔中。

佛家讲，见天地，见众生，见自己。写作也如同佛家修行，于天地之广邈中窥得存在的意义，于众生的"浩浩劫，茫茫愁"中探得慈悲的价值，于和自我的对话中觅得心灵的永恒。当我们把片刻的体悟化成文字写下来的那一刻，永恒就如同阳明先生眼中的岩中花树一般鲜艳明朗起来。一叶一菩提，一花一世界。或许笔下的文字只不过是一片叶，一枝花，也完全具备了对抗薄情时间的力量。

　　古诗中也写过一种片刻的永恒："蜉蝣玩三朝，采采修羽翼。衣裳为谁施？俛仰自收拭。"生命虽短自珍重，蜉蝣不知晦朔，无意春秋，却在俯仰之间的生命里慷慨努力，采采自修。假如你也如蜉蝣只有三天的生命，你将会怎样？史铁生在《我与地坛》中的话让人心动："唯有文字能担当此任，宣告生命曾经在场。"写作也是另一种意义上的自我珍重，或许写下的文字并无风致，甚至平凡粗粝，但沧海间执着的瞬间，仍可担当定义宇宙、寻知永恒的重任。

　　去认识，去感受，去记录，去传达，去接受语言的雕琢、塑造与锤炼。"岁聿云暮，一元复始，星霜荏苒，居诸不息。"时间的洪流中，无数的过往、此刻、今后在笔下交织。心有半亩花田，留得墨香流年。写下片刻，期待永恒。

　　谨以此篇，忝作序言。感谢领导的倾心相助，感谢朋友的倾情分享，感谢驻扎在我生命里的文字，融入我，成为我。

目录

辑二　且读且思且悟

辑三　高考教学研修

辑一

教学躬耕不辍

　　在教学过程中，有课堂上的激情四射、掌声阵阵，有独自面壁的静读时光，有探究文本碰撞出新设计的刹那喜悦，有认识语文前辈的欣喜若狂。同样，我们也会经历冰天雪地、兵荒马乱的不知所措。当我们穿越黑暗的时候，另一扇门也正在慢慢打开，就像一个设计好了的游戏，我们通关、过关、大门洞开，生命就进入另一个境界，我思故我在。

　　教学躬耕不辍，意味着付出、努力和耐心，教师要像农夫一样，在教育的土壤中辛勤耕耘，关注知识的传递，更关注学生心灵的滋养。教育是思考的职业，教师要在教学思考中穿越、前行……

读书 · 教学 · 感悟 | 逐梦

矻矻以行，勇立潮头

——由"从游论"所想到的

桂轮开子夜，蝉声满庭院，在这最繁盛的夏季，做了回最快活的人。教体局进行了为期六天的名师成长高级研修培训活动。几天的学习，最能触动我的是小学领航工作室指导专家周黎明老师提到了梅贻琦校长的"从游论"。大道至简，越简单，越朴实，越能直击人心。"从游"式教育传统在我国源远流长。孔子开创并实践的"从游"式教育传统，渗透着综合性、实践性、体验性以及"相机启发""教学相长"等丰富的教育内涵。这一教育传统影响了后世的教育教学，在王国维、梅贻琦那里更是得到了发扬光大。

梅贻琦在《大学一解》中曾说："学校犹水也，师生犹鱼也，其行动犹游泳也，大鱼前导，小鱼尾随，是从游也。从游既久，其濡染观摩之效自不求而至，不为而成。反观今日师生关系，直一奏技者与看客之关系耳，去从游之义不綦远哉！"这个比喻太生动了！在学校这片水里，是师生一展游泳技能之所，其中，老师应该是导游者，学生则是从游者。教师率先垂范，有敬业精神，思考能力，使学生耳濡目染，奋力从游于广阔水面上。这样，不但学问可以薪火相传，品德、情操自然可以熏之陶之，化于无形，得之不失。

教师在研究专业知识上下功夫不足，达不到专业领域里知识的纵深度，就会导致其对教材把握不到位，教学重点不突出，重点地方轻描淡写甚至一带而过。知识讲不透，老师在课堂上"投入"少，学生在学业上就"产出"少。浮躁的社会，碎片化阅读盛行，获取知识的成本越来越低，就如一句俗语，"外事不决问谷歌，内事不决问百度"。但学习需要静下心来探究，是一件极其认真严肃的事情，要有敬畏之心。高质量的教育来源于高质量的课堂，高质量的课堂来源于高质量的备课。一个有责任心的教师要读万卷书，行万里路，增强阅历，扩大阅读面，精心设计好每一堂课。教师在前面做学问，学生自然就紧跟其后。

至此，不由想到时代楷模陈立群，他倾心教育，一片丹心，创立了浙江省首个宏志班。他信仰坚定、有开拓进取精神；他有理想信念，有道德情操，有扎实学识。好的榜样，就是最好的引导；好的楷模，就是最好的说服。他倡导的"宏志精神"在学生心里埋下一颗"倡导刻苦精神，完善健美人格"的种子。宏志班的孩子具有"高远的志向、高昂的志气、高雅的志趣"，"理解、主动、勤奋"融进他们的血液里。

反思我们学校，茌平二中是农村高中，家长们普遍缺乏科学的教育观念，学生基础薄弱，学习积极性不强。大多数学生只有通过接受教育，才能融入现代，拥抱文明，走向未来。人生而平等，在孩子们走向成功的道路上，作为教师我们有给予帮助的责任和义务，应该想方设法为他们创造机会，这很重要。人本质上是一种精神的存在，老师本质上是一名精神工作者。梅贻琦先生的从游理论告诫我们，教师要做导游者，做好示范引领，在教学工作中一定要用心、用情，动机至善，私心了无，把孩子们送到他们这个年龄应该去的地方。

在这上蒸下煮，又湿又热的日子，苦夏却不苦心，是培训让我心生畅意。躁中当安居，慢品岁月长，静心培训学习，心静自生和气，神定必引清凉。大鱼前导，小鱼尾随，从游既久，熏之陶之自然而成。作为教师需要静下来，好好地反思做学问，内化潜藏，不违本心，不负光明，用智慧启迪学生，成就学生的学业，成就学生的人生。

在区教体局开展"我的老师二三事"征文活动时，一位学生给我发来一篇文章。她说："老师，很多事情可能您已忘记，但是，它们却影响了我一生。'长大以后我就成了你'，承袭您对教育的智慧和爱，我会在自己的工作岗位上砥砺前行。"感动之余，我把前面梅贻琦先生在《大学一解》中的文字添加到她的文章中。同时把自己刚刚读到的清代诗人袁枚的一首诗《苔》抄送给她："白日不到处，青春恰自来。苔花如米小，也学牡丹开。"以求大鱼前导，小鱼尾随。

语文课因简约而高效

上午连上四节语文课，深有感触。人总是在反思中成长，唯有把心态摆平、放空，静下心来琢磨课堂，语文课方能常上常新。

莎士比亚说："简洁是智慧的灵魂。"会读书的人书越读越薄，同样的道理，会教书的人也应当课越上越简。简约的语文课堂不仅是教学智慧地显现，教学境界地提升，更是打造高效语文课堂的必然要求。课堂简洁而不简单，在备课上课时主要做好以下三方面的简约。

一、教学目标简约

目标是行动的导向，没有明确的目标就失去行为的方向。教学目标是课堂教学的原动力，是确定教学重点、难点，教学过程及教学方法的依据。教学目标设置多，结果往往是蜻蜓点水，浅尝辄止。我们应该果断地给教学目标"做减法"，懂得取舍，一课一得就很好了。不要贪多，做不到一课多得，就怕一课不得，不能期盼上一节课学生就能学会多少知识。老子说过："少则得，多则惑。"目标多了，蜻蜓点水，学生往往就什么都学不明白。

二、教学过程简洁

学起于思，思源于疑，语文课堂应该引导学生积极主动地探究问题。只有学生在发现问题、解决问题的过程中逐渐学会科学的学习方法，充分发挥了自己在学习中的主体作用，他们的创造力和求知欲才会被激活。时常抱怨语文课堂学生主动参与得少，实际上是老师"舍"不得课堂，不讲课、不大讲特讲，就觉得是失职。老师把知识呈现给学生，日子久了，学生也就懒得思考，不思考的课堂无所得或是所得甚少，自然就没有了兴趣。

三、呈现方式简约

语文课堂的呈现方式应该尊重语文课程的本质特征，着重于全面提高学生的语文素养。应该把"读文本"作为语文课的基本呈现方式，让语文回归本位。教师上课切不可陶醉于自己的"讲"，语文课应该引导学生在文本中来来回回地"行走"。加强文本的探究，关注学生，以学生为主体，关注学生思维的提升。

　　鉴于以上思考，尝试设置语文课的基本方式。一读文本，标注段落，理清思路，在读的过程中解决字词的问题，标点的问题，关联词的问题。毕竟，语言的建构与运用是语文素养的基础。再读文本，每个人上课前提出三个问题，培养学生的质疑精神。对于提出的问题先在小组内自行解决，解决不了的问题，放到课堂上，教师和学生一起解决。最后根据教师对教材的把握，结合学生提出的问题，使学生清晰了解并解决本节课的学习目标。

　　道家经典《清静经》有言："人能常清静，天地悉皆归。"天天上课，生活烦琐，很容易造成课堂上的沉闷枯燥。如果觉得内心操劳，脾气暴躁，就需要及时冷静下来，工作、生活都需要心静下来。心静下来，气就和了；气和了，思路就清晰了；思路清晰了，事情就做顺了；事情做顺了，人自然就舒坦了。老师上课上得舒坦，学生学得自然就舒坦。

课堂教学须"研"字当头

著名学者叶澜教授的教育理念强调教育是一项直面生命的事业。教育的本质在于启迪人的精神世界，建构人的生活方式，实现人的生命价值。中国教育的风向已有了新的转变，在课堂上怎样提升学生的学科素养，对学生采取什么样的培养方式，才能使学生精准查找问题的根源，是新高考趋势下我们亟待解决的问题。

课堂教学须"研"字当头，教师要在教学研究中修炼内功，研究知识本身和教学本身。教师要养成专题研究的习惯，养成不断对自己的教育教学知识建构模型的习惯。以"研"促教，教学要在钻研课标、教材上下功夫，要在研究学生学情上下功夫。教育必须看见学生，关注学生本身，"育人"比"育才"更根本，为学的最终是为了"人"。

近日听烟台二中语文教师张朋老师讲《春江花月夜》，感受颇深。张老师是年级组备课组长，省级教学能手。"教师研究教材，研习文本，还有什么比引领学生把他们最真切的感受分析透彻更幸福的事情呢!"张老师这样说。我想,这样"研"过的课对学生的影响是很大的,也许过了很久他们都忘不了这堂课。

《春江花月夜》全诗紧扣春、江、花、月、夜的背景来写,而又以月为主体。"月"是诗中情景兼容之物,它跳动着诗人的脉搏,在全诗中犹如一条生命纽带,通贯上下。教师熟悉教材、知识的程度,会决定教师关注课堂上学生状态的程度。张老师在设计《导学案》时,让学生课下以组为单位,查阅古诗中"月"这一意象的含义。学生查找资料,纵向上加深了文章的深度,积累了知识。实际上学生查阅了"月"这一意象,也就学会了梳理"梅""竹""兰""菊""流水""鸿雁"等古诗中常见的意象,学会了对这些意象进行分类。这样,上课前通过导学案,学生就能以"意象"为切入口,对诗歌进行初步了解。根据课标要求,张老师对教学内容进行了适当的取舍,针对教学重点和难点,把那些不适合学生实际甚至超出学生当堂学习承受限度的环节和内容舍去。把握住重点,突破了难点,解决好其中最重要的一个或几个问题,学生丰富了知识,培养了能力,训练了思维。

我国近代著名学者王国维在《人间词话》中曾经用古诗形象生动地描述过学习活动的特点。他说,古今之成大事业、大学问者,在学习过程中必经历三种境界。"昨夜西风凋碧树,独上高楼,望尽天涯路"是第一境界,是学习的开始阶段,面对巍巍书山,上下求索。"衣带渐宽终不悔,为伊消得人憔悴"是第二境界,表明学习已经进入艰苦的探索阶段。"众里寻他千百度，蓦然回首，那人却在灯火阑珊处"是第三境界，表明经过一番刻苦钻研之后，心中茅塞顿开，惊喜之余悟出其中的奥妙。负责任的课堂教学必须强调学生主动参与，自主学习，让学生亲身体验其中的乐趣。

新课标要求教师研究教学要立足文本，读、思、写、说、议相结合，训练学生的高阶思维。设法让学生在课堂上进行脑力劳动，让学生独立思考后自主提出问题，展示知识发生、发展的思维过程。"教人未见意趣，必不乐学"。教师研究教学，要善于激发学生的学习兴趣，还课堂于学生。要让课堂活跃起来，让课堂真正成为学生追求知识的乐土。

著名教育家陶行知说："要解放孩子的头脑、双手、脚、空间、时间，使他们充分得到自由的生活，从自由的生活中得到真正的教育。"张老师的这节课，在教学中"研"字当头，教师的职业角色发生了变化，做学生学习知识的引路者，做学生创造能力的培养者。学生真正成为学习的主人，在课堂上轻松、快乐地学习，变"苦学"为"乐学"，变"死学"为"活学"，变"学会"为"会学"，变"被动学习"为"主动学习"，变"要我学"为"我要学"。打破了课堂上教师一言堂的现象，让严肃的课堂轻松起来。在这个多元的时代，权威往往只是一个经不起考验的空壳子，教师的"权威"，在教师倾心教学研究之后。

教师要打破固有思维，打破自我局限，更要在教学研究中"走心"。曾参加过一次"山东省首届国庆朗诵艺术研修班"，当时上课请到张家声先生，张先生是国家级有突出贡献的话剧表演艺术家。张先生强调教师讲课必须要走"心"。他动容地说："老师从你进入教室那一刻起，你就要投入，用你的激情、真挚去感染学生。""态度乃导向，说话的态度不同，语气不同，表达的情感就不同。"每一种成功都有它的不平凡之处，有不一样的精彩，但是，每种成功都是用"心"养出来的。张家声先生深厚的艺术功力来源于他对有声语言艺术的热爱，更成就于他对艺术追求的信念，他对课堂教学的"走心"。

反思我们上课，多少次，因为是讲过的内容，就疏于认真备课，在"吃老本"。教师要与时俱进，要善于思考，思考的本质是认识根源。学生不同，教法就要有所变化。不能迷信于教参，依赖于网络，要静下心来对教材做深刻的研读，变作品中的生活为"自己"的生活，用我塑造另一个"我"，用一个灵魂唤醒另一个灵魂。这样，教师走下讲台的那一刻，才会有战士收刀入鞘时的骄傲。

天下至德，莫过于忠，教师要忠诚于党的教育事业。每一堂课的教学水平都是教师专业水平和生命价值的直接体现；对学生而言，课堂教学的质量直接影响学生今天的茁壮成长和明天的可持续发展。课堂教学对师生生命本身会产生令人难以置信的影响，它在促进人的发展，形成个体的生活方式，改善人的生命质量方面起着难以估量的作用。人本质上是一种精神的存在，教师本质上是一名精神工作者，课堂教学"研"字当头，上一节有生命的课，是为了让师生成为更好的自己。

读陈纪明先生的《学书手记》，他说："练字多，得余即练，昨日悟一窍，今日悟一窍，一窍十窍百窍，日积月累，可期小成。顿悟之说实为夸大，因某一次顿悟而顷刻成佛，未之有也。"我们教师天天上课，我们要"走心"，要"悟"，要向外看，向内求，向前走，要从"教学研究"这个门槛里走出去。正如苏霍姆林斯基所说，教学研究要把"人"永远放在教育的中心，使一切教育活动指向"人"。

在贾平凹看来，书法首先是"品种"问题，"品种"决定了水平。换言之，教学研究的态度决定了课堂的质量与教师的高度。大德无形，大教无痕。课堂教学须"研"字当头，打破思维圈。思维一变，就如同推倒第一块多米诺骨牌，后边的教育行为跟着改变，便可窥见教育的明媚与通透。

一节有质量的课，
其价几何？

近两年学校重视教研，我分管学校的教研工作，一路走来感慨颇多。常态教研不仅需要有高端理想，更需要有执行的力度。为促进教研，加强集体备课，激励教师研究课堂，我校举行"骨干教师大赛"活动，鼓励骨干教师上公开课，参赛的教师在绩效考核中加 10 分。有教师说讲一节课加 10 分有些多，并由此说开去，说讲一节课就可以获得区级、市级、省级、国家级教学能手的荣誉称号，它的意义在哪里？

课堂是教学的主阵地，教师的本职工作是教学，教师工作岗位设置教师专业技术职务，要求教师必须上好课，要专业技术过硬。试想如果一所学校，老师们的注意力都不在研究课堂上，研究备课、上课上，那么这所学校它将走向哪里？

有教师觉得不就是上节课吗，其实，上一堂高质量的课不容易的！台上一分钟，台下十年功。上好一堂课要在钻研课标上下功夫；在研究教材上下功夫；在研究学情上下功夫；更要衔接好高考，在研究高考题上下功夫。以研促教，如果学校的每个老师都争先恐后地上公开课，争做教学能手，那将是学生之大幸！学校之发展将指日可待！

上一节公开课有多大意义？教学质量的提高，学生成绩的进步，无疑不是靠一节公开课就可以完成的，而是需要平日扎扎实实上好每一堂课。课堂教学的根本目的是学科素养的养成，是知识的传授，是能力的培养，是学习意志品质的锻炼，是学习习惯的培养。换言之，上公开课的目的是促进，是学习借鉴，取长补短，以求进步。公开课是平日课堂的一个高度集中和概括，是平日课堂的一个去粗取精后的再现。正如戏剧，每一出戏剧都是现实生活的缩影，是对生活的高度概括。它源于生活，又高于生活。一节公开课上所呈现的远远大于平时一节课的内容。一节公开课的背后，是对教师的教学技能、课堂驾驭、协调组织能力等的促进；是对学生的表达、分析等能力的提升。所以，从某种意义上讲，一节有质量的公开课，它是无价的。

抛开功利心，教师上好每一节课是我们的职责和使命。每一堂课的教学水平都是教师专业水平和生命价值的直接体现，对学生而言，课堂教学的质量直接影响学生今天的茁壮成长和明天的可持续性发展。换言之，课堂教学对师生生命本身会产生令人难以置信的影响，它在促进人的发展，形成个体的生活方式，改善人的生命质量方面起着难以估量的作用。

读过张炜的一篇小说《烟叶》，小说中跛子老四朴实敦厚，认真负责。他用心种烟叶，把种烟叶当成一辈子的事情，从不马虎。他刀法精纯，技艺娴熟，不仅能准确地区分顶、中、底烟叶的味道，还能分辨出烟叶施用了什么样的肥料；割烟就像熟练的医生在解剖生物一样。他热爱生活，富有情趣，总是尽可能把日子过得有意思些。我把小说珍藏在书架，每当懈怠时便拿出来读，"莫失心所念，万物尽可期。"鼓励自己坚守内心的追求，把当下的日子过成诗。现把其中文字摘录下来。

跛子老四生气地蹲起来："我说过一遍了，你能跟他们学吗？跟他们学，能成个好务烟把式吗？你不会吸烟，能知道你种的烟叶什么味道么？烟叶到了集市上，你得轮番尝一遍，什么味儿要什么价钱！唉唉！"

"味儿能差多少！"

"什么?!"跛子老四气愤地站起来，"种烟人不就求个味儿吗？差多少？差一丝也别想瞒过我。"

年喜就让他转过身去，然后分别将一片顶叶、中叶和底叶放在火上烘干，揉碎了分开让他尝。他每种只吸两口，就分毫不差地指出：这是顶叶，这是中叶，那是底叶！

年喜惊讶地看着他。

"别说这个，你就是施了什么肥，也别想瞒我。"

这倒有点玄。年喜跑到自己地里取来几片不同的烟叶，烘干了让他吸。

他这回眯着眼睛，再三品尝，最后说："这份烟味儿厚，使了豆饼！那份辣乎，使过大粪！那份平和，大半使了草木灰对不对？"

年喜拍打着手掌，连连说："绝了！绝了！"跛子老四摇着头："到底是个学生，这有什么绝的？种烟人就得这样。"他说完又喝了一口酒，擦着嘴巴说："好酒啊！"

年喜长时间没吱一声。他在想着什么。

好东西！一个人孤独地坐在烟地里，就好听它说唱了。听它唱唱也有好处。又不是今天做了明天不做，不是；这一辈子都得在这烟地里做活了，就是这样！你多想想这是一辈子的事，你就不会马虎了。你就会想想办法，把日子过得有意思些。"

小说的主题是通过描绘农人晚上收割烟叶的怡然自得的诗意生活，营构了一种人与自然和谐相处的理想生存状态，体悟作者对乡土生活的无限热爱和作者的生命理想。但作为烟把式跛子老四的话让我汗颜。"种烟人不就求个味儿吗？差多少？差一丝也别想瞒过我。""这有什么绝的？种烟人就得这样。"教书人不就是要好上课，打磨好课堂，让学生有所得，求得课堂的韵味，让学生愿意学么?!

离题万里了，最后用跛子老四的话结束吧。"又不是今天做了明天不做了，这一辈子都得在这烟地里做活了，就是这样！你多想想这是一辈子的事，你就不会马虎了。你就会想想办法，把日子过得有意思些。"作为教师，上课是我们一辈子要做的事，马虎不得，想想办法，积极去经营课堂，上有质量的课，是无价的！使教育过程成为一种艺术的事业，是一件很幸福的事情，唯有如此，我们才算十足地做了一回教书人。

唤醒生命的诗情

——现代诗歌讲与不讲的一点感受

在教学过程中如果教学时间有限，在古诗、小说和现代诗中，大多数老师会毫不犹豫地舍弃现代诗。究其原因，现代诗在中国历时不过百年，底蕴不够，远不如古诗词来得广博深厚。其他体裁的文本或是能"讲的多"，或是"好讲的多"；而现代诗歌形式过于自由，随着时代的发展变成了一种更加私人化的表达，愈发让人难以捉摸，在教学过程中被冷落也就可想而知了。

部编版高中语文必修上的第二课，选取了三首中国现代诗歌和一首外国现代诗。本想照例舍弃的，自己读了读，品了品，又依依不舍起来。有人曾高度评价诗歌是"文学中的文学"，而在我们的教学中却成了"鸡肋"一般的存在，让我深思良久。

现代诗歌教学存在三个问题：一是文本解读缺少新的解读理念和方法支撑；二是教学内容浮于表面，缺少具体分析和深度挖掘能力，无法引起学生的情感共鸣；三是课堂教学缺少真实情境下的活动，课堂上如一潭死水。问题存在的原因如下：一是功利倾向；二是文本细读能力欠缺，对语文核心素养的理解有偏差。现代诗歌对于学生语文学科核心素养中生命激情、理想主义、创造精神等理想人格的构建有着极其重要的作用。它引导学生以己证诗，走出文本，奔赴"自我"，走向精神自治。忽略了现代诗学习，就会错失为学生提供一个通过诗歌媒介探索创造力并发展自己语文核心素养的机会。

郭沫若狂飙突进高声呼号，化身巨人想推翻地球；昌耀难以攀上人生的顶峰，却在雪峰之侧顿悟了人的渺小与伟大；闻一多赞美红烛蜡炬成灰，从传统意象中升华出奉献与牺牲；雪莱侧耳倾听云雀脱尘欢鸣，在严酷的人间寻求光明、自由与理想。诗歌记录着诗人自我生命中的欢歌、悲鸣和不死的信仰。不读诗歌你将会错失生命中许许多多的美好。或许，只要人类不曾停止对自身的思考和情感表达，诗歌就不会真正地消亡，我们读诗的意义也就永远存在。

非常喜欢泰戈尔的诗集名——"断想钩沉"，诗歌就是这样，在我们的生命历程中提炼钩沉，以打破一切语言框架的决绝表达着自我，重塑着我们的生存面貌。海子的眼里，伟大的诗歌，不是原始材料的片段流动，而是主体人类在某一瞬间突入自身的宏伟。当我们遭遇人生的种种困境，诗歌总会以自身的宏伟，燃起人们精神的火花，催发出希望的萌芽。

在钟情于诗歌的人看来，每天读一句泰戈尔的诗，可以让人忘却世界上的一切痛苦。诗歌的力量就是如此。当我们在挣扎求索中探寻生命的意义和目的，何不读诗呢？让我们唤醒生命的诗情，借诗歌倾听人类的歌哭与爱恨，叩击沉睡的同理之心；借诗歌徜徉精神世界，在想象的天空云端漫步；借诗歌抚慰自我，唤醒内心的力量，获得自我的真正成长。

顾城有首小诗："在山石组成的路上/浮起一片小花/它们用金黄的微笑/来回报石头的冷遇/它们相信/石头也会发芽/也会粗糙地微笑/在阳光与树影间/露出善良的牙齿。"诗歌如岩中小花，以自己沉默的力量，唤醒我们粗粝的灵魂，让我们破茧成蝶，一路生花。

在诗意中成长，相信诗歌永远在场！

诗歌赏析之知人论世（一）

——必修上册第三单元"生命的诗意"

知人论世是中国古典文学批评中的重要方法，《孟子·万章下》中说："颂其诗，读其书，不知其人，可乎？是以论其世也，是尚友也。"孟子认为，文学作品和作家本人的生活、思想以及时代背景有着极为密切的关系，因而只有知其人，论其世，才能客观、准确地理解和把握文学作品的思想内容。

赏析古典诗歌，运用知人论世的解读、欣赏方法，贵在联系诗人，联系诗篇，建立丰富的读解背景系统，然后读出诗人原意。并且要注意结合诗人当时的时代特征（时代风貌、文化思潮、审美趣味等）来理解诗歌的思想内容，要注意结合诗人的理想志趣、生活经历等来理解诗歌的思想感情。

必修教材上册第三单元的学习任务一，建议采用知人论世的方法，通过了解诗人的生平、创作背景等深入理解作品。鉴于此，我从知人论世入手准备教学相关文本。

一说陶渊明之隐

魏晋风度的主旋律：人要漂亮地活着，真实而率性。魏晋名士看重玉，因为玉的品质纯洁而高贵。据说夏侯玄和庾亮是玉树，李丰和嵇康是玉山，夏侯湛和潘岳是玉人。魏晋是士族的时代，东晋尤其是，魏晋风度的创造者是士族。本来"士族"是世世代代读书做官的家族，而恰恰是这样的族群竟然以归隐山林为境界和情怀。因为士族不等于贵族，他们要得到彼此身份的认同，不是靠族谱，更多的是要靠外在风度和内在精神。当时魏晋时代形象的代言人就是气宇轩昂如朝霞升起，明净清新如春柳初绿，开阔明朗如高屋建瓴，目光炯炯如岩下闪电。漂亮得就像大自然，魏晋名士对自然界的热爱超过了前人，天人合一，别有意味。

魏晋是一个唯美的时代，唯美和清谈是当时的两大风尚，真实、自由而漂亮地活着，是魏晋时代的人生态度和价值观。

陶渊明的躬耕不是为了谋生，而是为了谋心。他笔下的田园生活虽然艰苦，却也充满诗意。"暧暧远人村，依依墟里烟。狗吠深巷中，鸡鸣桑树颠。"清晨，鸡鸣狗吠之中，远处的人家若隐若现，村庄炊烟袅袅，本是农村最寻常不过的景象，在陶渊明眼里却是那样的清新、恬静、怡然自得。当然，他眼里的田野也十分迷人："平畴交远风，良苗亦怀心。"平旷的原野上吹着远来的清风，苗壮成长的禾苗欣欣向荣，这是怎样地让人陶醉！不朽的诗句让陶渊明因此获得"田园诗人"的桂冠，甚至被视为真隐士的典型。

有人说陶渊明不做官是因为官小。陶家祖上极为显赫。曾祖父陶侃，官居大将军，位进大司马，都督八州军事，兼任两州刺史，被世人评价为英明神武似曹操，忠诚勤劳如孔明。这是何等英雄的风云人物！所以，陶渊明称督邮为"乡里小人"。督邮是郡守派遣到各个县，监察县官和县吏的巡视官，官不大。督邮来到彭泽，要彭泽县令陶渊明穿戴整齐规规矩矩恭恭敬敬前去拜见。陶渊明受不了这窝囊气，当即解下官印和绶带，留下一句"吾不能为五斗米折腰，拳拳事乡里小人"，离职走人，从此不再做官。

是的，他弯不下那高贵的腰。虽然陶家到了陶渊明这一代已经败落，但血性、精神和性格却隔代遗传。在陶渊明的内心深处，有着一般人不易觉察的高傲和高贵。只不过这种内在力量在陶侃那里表现为英雄气，在陶渊明这里则看起来像是平常心。

然而，最不平常的，恰恰就在看似平常之中。辞去彭泽县令的第二年重阳节，已无酒喝的陶渊明坐在宅边菊花丛中，满手把菊，写下千古名句："采菊东篱下，悠然见南山。"要知道陶渊明做彭泽县令时依法享有三顷公田，他吩咐全部种上酿酒用的高粱，声称只要能长醉于酒，就心满意足。

陶渊明写《五柳先生传》是假托五柳先生来给自己作传。这不是一般意义上的人物小传，是人格写照，是要写一个很潇洒、很随性的形象。在陶渊明身上，儒家的安贫乐道和道家的自然天真无缝对接，所以在极度贫困的日子，他依然任性。平淡之中蕴含着绚然之极，这就是陶渊明的真实形象；真实、自由而漂亮地活着这是陶渊明的追求。唯有如此，才是魏晋风度。只是，在一个不真实的时代追求真实，本身是一个悖论，充满了纠结是不自由时代的病态自由，因为当时的社会病了。

再说曹操的求贤若渴

曹操在动乱中挺身而出，讨黄巾，擒吕布，败袁术，降张绣，击刘备，灭袁绍，奉天子以令天下，彻底打乱了历史的日程表。

当时汉末社会动荡，民不聊生，曹操有一统天下，担负天下兴亡的豪情壮志。他高举义旗讨伐董卓，匡扶汉室。但残酷的现实让曹操明白只有自己强大，才能实现理想，于是他略地、募兵、屯田、招贤。曹操的屯田居住军事化，耕作集体化，农业生产国营化，他通过屯田有了大粮仓，通过招贤纳士建立了人才库。

史料记载，曹操一方的人才"谋士如云，猛将如雨"，曹操求贤若渴。《短歌行》就是一首求贤歌，他想求贤才以定天下。

荀彧是曹操的"总参谋长"，他制定三大纲领：奉主上以从民望，秉至公以服雄杰，扶弘义以致英俊。对曹操说，有此大顺、大略、大德，就可以堂堂正正，气壮山河，无往而不胜。他为曹操鞠躬尽瘁21年，郭嘉、荀攸和钟繇都是荀彧推荐的。同样，谋士毛玠也给曹操提出了三项建议：奉天子（政治战略）、修耕植（经济战略）、蓄军资（军事战略），是纲领性文件。再有贾诩劝说张绣投降曹操，为"曹氏集团"服务了两代。

再如挂印封金，千古关公。曹操允许关羽在官渡杀颜良后千里投主，挂印封金的各种操作，都足以证明曹操对贤才的极大渴望。

曹操引"周公吐哺"作勉励，希望能开创一个"天下归心"的大好局面，也是用心良苦。周公辅佐武王、成王，忠心为国，是后世为政者的典范。孔子终生倡导的是周公的礼乐制度，把他的人格典范作为最高典范，最高的政治理想就是周初的仁政。魏晋是士族的时代，所以曹操以周公自比，期待贤者。

诗歌赏析之知人论世（二）

——必修上册第三单元"生命的诗意"

三说杜甫的"登高"

杜甫把古代风俗中的登高祈寿与士大夫的登高言志结合在一起。

人为什么需要登高，一个人如果常年生活在工具化的心态里，一定会面目可憎，一脸俗气，所以很有必要换一种环境。登高攀登的既是追求物理意义上的制高点，也是追求精神意义上的高级感。如果一个人不登高甚至从不旅行，也缺乏对美的感受力，那么他的嘴脸就容易显得俗气。虽然，俗气也不全是坏事，但是俗气的人会把人的动物性表现得淋漓尽致，这样即便坐拥金山也活不出高级感。所以人要旅行、登高，要有"诗"和"远方"。

唐朝的诗人都是贵族吗？所以他们能体验优雅的生活，去登高远行？要知道杜甫一生大部分时间穷困潦倒，关键在于唐朝诗人的心中都有一个贵族精神的追求，就如魏晋名士身上的风骨。

青年杜甫登高写了《望岳》，他来到泰山脚下，从远眺到近观，被山势激起豪情，决定登上山顶"一览众山小"。变小的不仅仅是"众山"，还有凡俗的一切。科举失意又如何，理想一时无法实现又如何！种种琐屑的苦闷只因站得太低，看得太近。生逢盛世，年轻的热血不会结冰。登高使杜甫从挫折中满血复活。

《登高》是杜甫人生暮年的百感交集。当时他流落在夔州，就是今天的重庆奉节，肺病严重，生活困顿。大约在重阳节那天，他孤身一人登高远眺，长江沿岸的萧瑟秋景让他触目伤怀。无边的落叶，让暮年的杜甫看到的是岁月的无情，滚滚波涛压迫着诗人那颗脆弱的心。时不我待，登高的高度，代表人生的高度，杜甫渴望攀登人生的高峰，可最终"登高"触发了他"万里悲秋常作客，百年多病独登台"的感慨。杜甫一生辗转漂泊，居无定所，这时在夔州，是"作客"。万里漂泊，尝遍艰辛，如同百年，忽然间就老了。一生的艰辛染白了鬓发，只有酒可以消愁，但是病太重，人也太潦倒，酒也喝不下去了。

杜甫是一个读书的天才，他要像古代圣人一样辅佐明君，治理天下。现在看来，年老多病，再没机会向理想多走一步了。

四说李白的傲骨

李白一直有远大的抱负，立志要"申管晏之谈，谋帝王之术"，写诗也好，修道也罢，都是为出仕做铺垫，但一直没有机会，公元 742 年，42 岁的李白在朋友元丹丘的推荐下接到朝廷召他入京的诏书来到长安，他又惊又喜，不仅"呼童烹鸡酌白酒"般地狂饮自慰；而且高歌"仰天大笑出门去，我辈岂是蓬蒿人"。一个满怀壮志，得意而又自负的李白就这样去了长安。在李白心里，好男儿就该建功立业，建立丰功伟业。所以，一旦看见可以建立丰功伟业的苗头，李白立刻就会雄心万丈。

李白来到长安，在贺知章和道士吴筠的大力推荐下得到唐玄宗的接见，被任命翰林学士，让他"随时待召"，一时间，他几乎成了朝廷的新贵。但唐玄宗只是把李白当成一个宫廷诗人，为太平盛世作些诗文点缀，既可以为朝廷装点门面，又可以陪皇上歌舞饮宴。他的翰林供奉不是正经官职，只是皇帝身边的文学侍从，并不参与政治。

李白得到了皇帝的尊崇，但他没有失去诗人的本色，也没有改变豪放不羁的性格，更没有懂得官场的险恶。他依旧轻财好义，依旧飞扬狂放，天天和文友们出入茶肆酒楼，纵酒吟诗。杜甫写过一首《饮中八仙歌》，描写当时长安八位最能喝酒的名人，李白当时是这样写的："李白斗酒诗百篇，长安市上酒家眠，天子呼来不上船，自称臣是酒中仙。"李白自负才华横溢，根本不担心醉酒误事，因为无论何时，只要稍微清醒，他就可以下笔千言。著名的《清平调》三首就是他的醉后之作。"云想衣裳花想容，春风拂槛露华浓。若非群玉山头见，会向瑶台月下逢。一枝红艳露凝香，云雨巫山枉断肠。借问汉宫谁得似，可怜飞燕倚新妆。名花倾国两相欢，长得君王带笑看。解释春风无限恨，沉香亭北倚阑干。"这三首诗既赞美了牡丹花，也赞美了杨玉环。杨贵妃很喜欢，常亲自演唱，唐玄宗也对李白的才华赞叹不已。

但就是这三首诗，给了高力士诬陷李白的口实。一向蔑视权贵的李白早就得罪了高力士。"醉，使高力士脱靴。力士素贵，耻之"。高力士得到了这个机会，对贵妃说，李白诗里"云雨巫山"是说欢情不长，把贵妃比作赵飞燕，是讽刺她轻佻误国。杨贵妃信了高力士的话，对李白心生忌恨，宠妃谗谤，奸佞排挤，唐玄宗渐渐疏远了李白。

做一个弄臣，绝不是李白想要的，他对这样的朝廷，这样的皇帝慢慢失望，他明白自己的理想不能实现，又开始向往以前那种云游天下的自由生活。于是上书请求"还山"，玄宗自然恩准，便"赐金放还"。44 岁的李白离开长安。公元 745 年，45 岁的李白又离开东鲁南下吴越，写下了《梦游天姥吟留别》。

有才华的人是有傲气的，一身傲骨的李白政治上受打击，他失意的情怀和精神的苦闷可想而知。同时对富贵利达这一世俗的追求也不再抱有过多的幻想，并对高高在上的权贵表示了高度的蔑视。在精神上摆脱了尘俗的桎梏，就有了"安能摧眉折腰事权贵，使我不得开心颜"的呼喊。很多时候，失去了反而更坦然。在现实社会中找不到出路，李白只有向虚幻的神仙世界和远离尘俗的山林中去寻求解脱，"且放白鹿青崖间，须行即骑访名山"。

五说人间不可无一难能有二的苏东坡

苏东坡是一个富有创造力，守正不阿、放任不羁，令人万分倾倒而又望尘莫及的高士。他深厚、广博、诙谐，有高度的智力，有天真烂漫的赤子之心，正如耶稣所说，具有蛇的智慧，兼有鸽子的温柔敦厚。苏东坡曾对他的弟弟苏辙（字子由）这样描述自己："上可陪玉皇大帝，下可陪卑田院乞儿，眼前见天下无一不好人。"所以，苏东坡过得快乐，无所畏惧，像一阵清风度过了一生。

佛教的否定人生、儒家的正视人生、道家的简化人生，在他的心灵见识中产生了他混合的人生观。苏东坡是诗人和散文家，是一流的画家、书法家，在中国医学上也是公认的权威。他也曾开凿湖泊河道，治水筑堤。他只求独行其是，一切付之悠悠。苏轼被贬黄州，过的是神仙般的生活。

乌台诗案后苏轼死里逃生，他开始深思人生的意义。在他写的别弟诗里，他说生命犹如爬在旋转中的磨盘上的蚂蚁，又如旋风中的羽毛。他开始沉思自己的个性，过去的生活态度一向是嫉恶如仇，遇有邪恶，则"如食中有蝇，吐之乃已"。被贬黄州后考虑的是如何才能得到心灵的真正安宁。他转向了宗教，而深藏于他内心的是儒家思想。人要寻求安静，达到精神的空虚和无我的精神存在，就要摆脱个人的牵挂。也许所谓解脱，只不过是在获得了精神的和谐之后，使基层的人性附属于高层的人性，听其支配而已。

　　黄州是贫穷的小镇，但是有无限的闲暇、美好的风景，在这里苏东坡对月夜倾心，对美酒迷恋，他享受每一个日子给他的快乐。黄州解脱自由的生活，引起苏东坡精神上的变化，这些变化表现在他的写作上。他讽刺的苛酷、笔尖的尖锐、以及紧张与愤怒全已消失，取而代之的是一种光辉温暖、亲切宽和的诙谐，醇甜而成熟，透彻而深入。倘若哲学有用处，就是能使人自我解嘲。在动物之中，可能只有猿人能笑，而也许只有人能自我嘲笑，这种能力是人类唯一自救的美德，苏东坡说："故国神游，多情应笑我早生华发。"

　　当一个人完全松弛下来而能精神安然自在时，就可以享受独有的幸福了，不管在什么情况之下，幸福都是一种秘密。也许苏东坡在黄州过的是流浪汉式的生活，但对他而言，那不是一种惩处，或是一种监禁，因为他享受那种生活，写下了四篇笔下最精的作品：一首词《念奴娇·赤壁怀古》，又名《酹江月》，也以《大江东去》著称；两篇月夜泛舟的前后《赤壁赋》；一篇《记承天夜游》。

于高处觅得生命的诗意

——比较阅读《梦游天姥吟留别》《登高》

登高望远，中国人自古崇尚。从孔子的"登东山而小鲁，登泰山而小天下"，到王粲的"登兹楼以四望兮，聊暇日以消忧"，从登山，到登楼、登台、登塔……攀登的姿势刻印在中华文化的血脉中，表达着我们的各种愿望、意图、期待、要求和情感。但是同是登高，所思所感各不相同，写出来的诗句意味也各不相同。高处何所有？到诗人的诗歌中寻觅！

自由在高处

《梦游天姥吟留别》是李白的代表作之一。"海客谈瀛洲，烟涛微茫信难求；越人语天姥，云霞明灭或可睹。"带着对天姥山"云霞明灭"的向往，李白梦中开始了登仙山之旅："我欲因之梦吴越，一夜飞渡镜湖月"一跃千里，诗人借着湖月飞渡。然后迫不及待地穿上"谢公屐"，步履轻盈地直上青云之梯，山中雄奇壮美的景象就尽现眼前了。有千岩万转的寻觅，迷花倚石的沉醉，熊咆龙吟的惊怖，山门洞开的神奇，仙府盛会更是"辉煌流丽，缤纷多彩"。然而这样的盛会似乎并不属于李白，"忽魂悸以魄动，恍惊起而长嗟。"诗人从烟霞般的美梦中惊醒。游仙之旅就此结束。

很多评论家认为"游仙"之梦不过是李白长安三年仕途经历的缩影，的确，在这三年里李白曾努力攀爬，自以为能在长安大济苍生，一展抱负，可最终不过做了帝王用以歌功颂德的"御用文人"，后来更因性格傲岸，不为权贵所容，被玄宗赐金放还。当他还沉迷于险峰的无限风光时，梦就破灭了。李白终于在天姥山的高处，与功名富贵决裂了。"安能摧眉折腰事权贵，使我不得开心颜！"曾经的摧眉折腰带给李白的只有"不得开心颜"的束缚。站在人生的高处，李白磊落自由不受束缚的自我就凸显出来了。"高台多悲风"，但自由也在高处，超脱于红尘，超越了束缚自身物质世界，心游万仞，安得不自由！即使在强烈压抑的环境中，也不会放弃对自我肯定，对自由的追求，这正是李白的可贵之处。

登高能赋，可以为大夫

如果说李白的登高是道家的登高，寻求的是一种超脱；那么杜甫的登高则是儒家式的登高。"风急天高猿啸哀，渚清沙白鸟飞回。"也可算作登高能赋了。而"无边落木萧萧下，不尽长江滚滚来。"没有登峰临顶的胸襟是写不出来的。不是

"大江东去"，也不是"滚滚长江东逝水"，而是"不尽长江滚滚来"，无限的过去伴随着落叶有声扑面而来，杜甫以自己衰弱的残躯热情地拥抱逝去与衰败。杜甫在高处，看到了衰败，也看到了广阔，看到了自我的渺小，也看到了深情，看到了生命即使衰退也不曾消沉的生机。人能渺小，也能伟大。儒家的襟怀即是如此。

　　每当登高时，遍览天下，顿感天下皆在胸中，于是国事民事天下事也系于一心。有学者曾认为《登高》是杜甫的气竭之作，杜甫在千般恨、万般愁的同时，仍能关注着社稷民生，仍能以兼济天下为己任。悲愁的背后是儒家"知其不可而为之"的百折不回，气竭之余竟有一番英勇的味道。杜甫的伟大，正在于此！

　　"登高"永远代表着一种向上的力量！在高处可觅得看透红尘后的超脱与自由，亦可觅得渺小亦能伟大的执着与坚韧。

学习方法比知识更重要

　　高考功能的定位是"立德树人、服务选才、引导教学"，随着新高考改革的推进，高考试题的难度加大。高校需要的人才是能够独立思考问题、分析问题、解决问题的，应对新高考对学生的学习能力提出了更高的要求，从某种意义上讲，学习方法比知识更重要。方法的选择，远比努力更重要。做成一件事，本质上不在于你有多强大，而是要选择科学的方法，于万仞之巅推动千钧之石。

　　自古以来，大凡学有所成的人，大多是一些掌握科学的学习方法的人。我国清初学者顾炎武把书"越读越厚"，大科学家爱因斯坦把书"越读越薄"等都是学习方法运用成功的典范。

　　人类要学习，这不仅是求知的直接需要和兴趣，更是自己的社会职责，时代的要求。毕竟人类赖以生存和发展的社会经验根本不可能依靠遗传来传递，只能在遗传素质的基础上通过后天学习才能获得。随着现代科学技术的飞速发展和高度综合，对通才的需求大增，需要人们学习更多的知识成为学识渊博者。人类的知识浩如烟海，未知的世界无穷无尽，而每个人的精力却是有限的，要学习所有的知识是不可能的。这样，学会学习就显得尤为重要。正如《第三次浪潮》一书的作者托夫勒所言："未来的文盲不再是不识字的人，而是没有学会学习的人。"

学习方法的重要性早已引起人们的高度重视。方法科学我们就可以免得走无穷无尽的弯路，并节省在错误方法下浪费掉的无法计算的时间和劳动；而假如循着错误的、弯曲的、不可靠的途径进行，往往当真理碰到鼻尖的时候，还没有得到真理。实践证明：时间与精力的无益浪费当然是错误的方法产生的。这都深刻揭示了科学的方法在人们学习和研究过程中的重要性，而且正确的方法是培养和发展人们智能的重要前提。良好的方法能使人们更好地发挥运用天赋的才能，而拙劣的方法则可能阻难才能的发挥。因此，科学中难能可贵的创造才华，由于方法拙劣则可能被削弱，甚至被扼杀；良好的方法则会增长、促进这种才华。

谈到学校教育的现状，许多人士发出感慨：现代的高中教育自觉地办成了大学预科，学校教育教学围绕着高考指挥棒转，高考考什么，学校教什么，学生学什么；社会评价一所学校就是看高考升学率；家长、教师评价一个学生自然就是看记住多少书本知识。就在写这篇文章的同时我曾问学生，学习方法与学习知识相比，哪一方面更重要，绝大多数回答是"知识"，而回答是"方法"的也是为学更多的"书本知识"。在他们看来，与其花费时间探寻方法，不如做一道数学题，背一道历史题，写几个英语单词来得实在。学习的过程完全成了死记硬背书本知识的过程。这种状况必须引起每一位师生的高度重视，学生将来步入社会，必须面对各种挑战，独立作出判断和选择，要不断地对自己的学习、前途、人生做出规划。高中教育应当为学生的终身发展服务，这就要求学生要学会学习。学习方法的得当与否往往会主宰整个学习过程，它能把一个人托到成功的彼岸，也能将一个人拉入失败的深谷。

成功不能复制，但失败可以避免。学习坚毅而得法者，就能更快更好地掌握知识，就能使构建的知识结构和智能结构更加合理、适用，就能捷足先登科学高峰。治学不得法者，就会事倍功半。知识学得死，缺乏创造性，甚至可能变成"书橱"，不能解决任何实际问题。唐代著名的诗人李白曾经写一首《嘲鲁儒》的诗："鲁叟谈五经，白发死章句。问以经济策，茫若坠烟雾。"未来的社会不需要这样的人。

新时代背景下的高中课程设置，符合社会的需求和学生个体的成长，高考评价体系综合统筹知识、能力、素养的关系，将高考考查内容凝练为"核心价值、学科素养、关键能力、必备知识"四个层面，在必备知识的基础上，加大力度考查学生的学科素养和关键能力。所以，必须培养学生独立思考、自主学习的能力。通过教与学传统方式的改变，使教与学的重心不再仅仅放在获取知识上，而是转到学会学习、掌握学习方法上，使被动的接受式学习转向主动的探索性学习。关注知识，更要关注学习内容的多样性和丰富性，引领学生学会收集、分析、归纳、整理资料，学会处理反馈信息，更加注重研究过程。

学习方法的培养，归根是要培养学生思考问题的思维方式和处理问题的能力。为给学生讲清这个道理，我曾给他们讲述解文说字拆解法的一个故事。一日，乾隆问和珅"农夫"的"夫"字怎样写。和珅不知皇上此问何意，回答："农夫之夫，两横一撇一捺。与轿夫的夫，孔夫子的夫，夫妻的夫和匹夫的夫同属一种写法。"乾隆听了不满意，说："你身为大学士，连一个'夫'解不了！"转脸去问刘墉，刘墉回答："农夫是刨土之人，故上为'土'字，下加'人'字；轿夫为肩扛竹竿之人，应先写'人'字，再加两根竹竿；孔夫子上通天文，下知地理，当做'天'字出头之夫；夫妻是两个人，'二'字加'人'可也；匹夫乃天下百姓之谓，可载舟亦可覆舟，是巍巍然大丈夫，理应做'大'字之上加'一'才对。用法不同，写法自然有别，岂可混为一谈！"乾隆听罢，拍手称妙。高考命题无情境不成题，解决问题要结合具体语境，有自己思考问题的角度和方法，这才是真正的读书法，而不是死读书。

工欲善其事，必先利其器。要引导学生把今天的学习和明天的工作紧密联系起来。联合国教科文组织就曾经提出："高中就是要给学生通向社会的钥匙。"随着人类文明的飞速发展和不断沉淀，原有意义上的基础文化科学知识日益丰富，高中教育应使学生在有限的在校时间内，从"关注知识"到"学会学习"，把更多的目光投向方法的学习，发展学生终身学习的愿望和能力。

"评价"点燃信念的灯

——浅析新课改下的教学评价

新课标背景下的教学评价以核心素养为基本理念，用一致性思维审视教学评价理念与核心素养导向、教学评价标准与学业质量标准、教学评价方法与核心素养表现、教学评价工具与素养形成机制、教学评价结果与素养发展目标之间的关系。教师就是史蒂文森笔下的点灯人，一路点燃学生心中的信念之灯，智慧之灯。

以往的教学评价侧重学生基础知识与基本技能等方面的提升，这一理念下的评价更多关注的是对可测知识的反馈与分数的提高。这样，就使得我们通常会把问题简单化，把评价与考试连在一起。评学生，谁的高考分数高，他就学得好；谁的分数低，他就学得不好。评老师，就看你教的学生得的分数。学生得的分数高，教师就算是教得好，就这么简单。然而，评价的内涵要比考试、测试丰富得多。

我们不断地考试，好像要达到检测孩子什么情况，实际上无助于提高他的学习质量。"不断地给猪称体重，是无助于提高猪的重量的"。考试考得再好，培养的也只是一批会考试的人，未必是在某一个学科上水平最高的人。因为考试毕竟是有限的，一张试卷受各种条件限制，就语文来说，不可能将学生的学习水平、成果都展示出来。学生语文学习的多方面的能力，仅靠书面的考试是考不出来的。

教育是慢工夫。现在我们教育走向一个误区：急功近利。我们评价学生的目的何在？就是为了促进学生发展。评价"要拨动孩子的心弦"，应该让学生通过评价来增强学习的自信心，增强他对各个学科学习的兴趣。从某种意义上讲，教学评价过程中的校正和激励更为重要。

有这样一个故事，说是黑格尔当年从神学院毕业，他的老师给他写了一段评语："黑格尔，健康状态不佳，中等身材，不善辞令，沉默寡言，天赋高，判断力健全，记忆力强，文字通顺，作风正派，有时不太用功。"前面的话很平淡，但是后面几句话很值得咀嚼："神学有成绩，虽然尝试讲道，不无热情，但看来不是一个优秀的传道士，语言知识丰富，哲学上十分努力。"我们都知道神学院是培养神父的，他出来是要布道的，是要传经的，但老师给黑格尔这样一个评价，"神学有成绩"，像黑格尔这样的智商，学什么都会有成绩的。但是给他下了一个结论，不是一个优秀的传道士，但"哲学上十分努力"，我们试想黑格尔当年毕业的时候，他看到老师这样评语，会产生一种什么样的情感体验？他会坚定自己今后一生在哲学上不断攀登不断进取的理想。好的老师应是影响学生一辈子的，评价就是一个很重要的媒介和手段。

在实际的教学过程中，我们总是把自己的出发点忘了。我们为什么评价？我们评价的核心要义在哪里？评价是为了促进学生发展，但促进学生发展，通过考试评价只是一个方面、一种手段。评价应该包括兴趣、习惯、语文素养的方方面面。如果我们把这个东西忽略掉了，仅仅抓住考试的话，那我们等于是捡了芝麻丢了西瓜。

人类教育最基本的途径是信念，只有信念才能影响信念。"评价"可以点燃学生信念的灯。记得上初一时，我的语文老师在我的作文本上给我打的批语："本文较成功！"那红红的墨水笔写的文字就如跳跃的火苗点燃了我写作的激情，从那以后我每次作文都写得特别用心。现在做了一名语文教师，就是那时我的老师给我种下了信念的种子。从教二十多年，我都坚持保留一个习惯：每接一个新的班级，学生交上来的第一篇作文，我都会用红墨水笔为学生打上批语。而且批语一定是给学生至少找出他语文学习上的一个优点。哪怕只是勾画出他作文中的一个成语，批语："这个成语用得真好！"我始终认为，评价语文教育方面成功不成功，要看教师是不是把学生引导到读书上来，让学生爱上读书，培养了读书的习惯，学会了读书，提高了读书的品位，掌握了读书的方法，提高了阅读的能力。

记得读过这样一个故事。克林顿在担任美国总统的时候，到中国访问，带着夫人女儿到桂林泛舟漓江。到了一个著名的景点叫九马画山。导游就说了，周恩来总理看出九匹马，陈毅部长就看出五匹，他说一般来讲，状元才能看出九匹。这就把克林顿一家人的积极性全部调动起来了。克林顿数啊数啊就数出三匹马，女儿切尔西比他聪明，数了五匹马。他们两人在瞪大眼睛不断地数马的过程当中，希拉里提醒他们："我们到这里来干吗的？我们到这里来不是数马的，我们到这里来是为了欣赏两岸秀美的风光的。"一下子把他们两人点醒了。在教学过程中，我们常常把原本的出发点给忘了。我们应该回到原点思考。近几年的教育改革实践也表明：不建立一套完整有效的课堂教学评价方法，教学改革工作很难全面展开，全面推进素质教育也将会成为一句空话，我们评价的目的是要促进学生的发展。

评价学生的语文素养，回归原点考虑，有三个很重要的要素：一个是阅读，一个是表达，一个是思维。读书非常重要，是给学生奠基，给他的人生奠基，也是给他的语文素养奠基。我们不能想象，一个学生，书读得很少，几乎没读几本书，除了课文以外没看什么文章，他的高考能考得什么样！学生高考分数的高低其实取决于他平时的积淀如何。语文学科不同于数学、物理、化学等学科，学生语文素养的养成是一个厚积薄发的过程。没有厚积，哪来的薄发！读书要思考问题，写作要思考问题，口语表达也要思考问题。思考问题、阅读和表达要结合起来，语文教学应该从这三个方面来评价。通过教师评价的不断地强化，学生好的阅读习惯、好的表达习惯、好的思考习惯，就会最后建立起来的。

我们老师常常埋怨学生不愿写作文，不愿写作文的原因在哪里？是因为老师对学生的促进程度不够用心，评价很重要一点是我们的真诚，是我们的用心程度。曾看到过一位老师的作文评语。评语他是这么写的："文笔令人拍案叫绝，如果再能打开思路，在形式上做一番加工，定能够锦上添花。"他想表达的是文笔不错，但是形式落入窠臼，形式老套了，但是他用这样一种方式来让学生接受，我想学生是愿意接受的。再比方说："修辞将使你的文章在朴实无华之外再收获生动优美的桂冠。"教师其实是想表达这个学生的语言太平淡了，太直白了，他希望学生的语言能加以一定的修饰，他用一种委婉的方式让学生自己去领悟、体会。我们评价学生，或是在课堂上或是在作文本上或是在其他方面，在评价时都要考虑到忌讳一些公式化的、脸谱化的、千人一面没有个性的语言，我们提倡促膝谈心式的，针对具体学生的个性特点，评价到学生心里去，让学生心中能产生"咯噔"一下的情感体验。我认为，这样的评价才可能算是做到位了。

教育的本质是唤醒生命、自觉成长。我们老师应有这样一种认识：不仅仅是考试，学生课堂上的任何表现都可以是一种评价。评价的目的是通过评价促进我们的教学，促进学生语文素养的全面发展。要考虑到语文素养的方方面面，很多东西是不能用几分来解决问题的。要有一种真诚的态度，用促膝谈心式的方式，给他一些肯定或是批评，同时给予鼓励和指引，就像黑格尔的老师，成为学生人生规划的导师。

教学改革是为了创新，教育是思考的事业，教师要勤于思考、反思，完善自我，学会思考教育问题。初为人师，我的领导给我讲过一则故事。说有三个工人在砌一堵墙。有人过来问："你们在干什么？"第一个人没好气地说："没看见吗？砌墙。"第二个人抬头笑了笑，说："我们在盖一幢高楼。"第三个人边干边哼着歌曲，他的笑容很灿烂开心："我们正在建设一个新城市。"10年后，第一个人在另一个工地上砌墙；第二个人坐在办公室中画图纸，他成了工程师；第三个人呢，是前两个人的老板。

应该树立一种信念，手头的平凡工作其实正是伟大事业的开始，能否意识到这一点意味着你能否做成一项伟大事业。考试是冷漠的，老师是有温情的。搞好教学评价的过程就是不断更新观念的过程，学生脑子里应该装的是一本本辉煌的著作，一首首是优美的诗，而不是一条一条死板的题目。语文教学中使用的任何一种评价手段，我们的标准是：怎么对学生的发展有利，就怎么做。

六经注我读《劝学》

古人读经典有两种方式，一种是"我注六经"，另一种是"六经注我"。前一种把六经当成膜拜的对象，皓首穷经，人围着书本转；后一种则更高级，当然也有那么一点狂妄——"六经皆我注脚"。意思是说，读经典不能拘泥于语言文字的推敲，也绝不能使自己的脑袋变成别人思想的跑马场，而是以经典所传达的精神来诠释自己的生命，从经典中寻求对自己对当下的支持。最近讲荀子的《劝学》，对荀子这个被儒家"放逐"了的儒学大师有了更深的了解，所以大言不惭地想用"六经注我"的思维来重读荀子的经典之作——《劝学》。

当然，儒家人眼中荀子的观点并不是那么纯粹，最使他们难以接受是荀子的"性恶论"。而"性恶论"恰恰是《劝学》的立论根据。荀子为什么要提倡学习？原因很简单，因为人性本恶，如果不学习就会一坏到底，不可救药。"人之性恶，其善者，伪也。"这是荀子《性恶》篇开宗明义的第一句话。意思是说，人的本性是恶的，善是人为的。当然我们不能直接把性恶论理解成人天生是个坏蛋，荀子所说的"性"指的是食色、喜怒、好恶、利欲等情绪欲望，在这点上君子和小人是一样的。而不同之处是君子能够以自己的思考、选择、学习、实践来节制欲望。人应当由自己来承当由"恶"到"善"的超越，君子能成为君子，正是因为君子能通过后天对自己的切磋琢磨来实现这一超越，从这个方面来说荀子还是没有超出儒家"求己"思维方式的。

在现下观念中人性本是没有善恶之分的，但荀子的《劝学》仍然立得住。在北大的杨立华教授看来，只有用力气地生活，才有可能是正确的生活。想要向一个更高的、更好的方向走，一定是要付出努力的。的确，一切美好的事物都是有门槛的，唯有勇于承担、积极奋斗、不断学习、日日反思才能实现人生的超越。任何的主张总会与时俱进，孟子说人性本善，荀子偏说人性本恶，但是，这样的超越之路、学习之路，是永恒不变的。

"青，取之于蓝，而青于蓝。"只有经历了千淬百炼，靛青才能在布帛上绽放经久不退的色泽；"冰，水为之，而寒于水"，至柔如水也可坚硬如冰。荀子说，真正的学习，可以使你成为理想中的自己，甚至让你的气质也因之发生变化。"木"輮为"轮"，受绳之木也能变化成人们滚滚向前，逐梦远方的凭借。然后，"登高之博见""登高而招""顺风而呼""假舆马者""假舟楫者"，在荀子又列举了一系列的朴素而又真实的生活实例之后，我们终于明白了，学习使人改变，学习使人进步，学习是我们终其一生不能停止的修行。以学习来克服我们自身的不足，以学习来斩断我们人性中容易向下的劣根，以学习来实现平凡人到圣贤的蜕变。

学习是为了成为圣人，这一观点在当代也是非常有教育意义的。当物质文明发展到前所未有的高度，价值和意义的缺失更加地让我们无所适从。学习的目的或是为了文凭，或是为了有个好工作、好出路，又有谁会去关注自己的个人修养与社会价值呢？古代圣贤做学问是修养自己的品格，以美其身。从这里看今人又有多少进步呢？只有解决了最根本的为什么学习的问题，真正的学习才能够实现。

荀子的《劝学》中"不登高山，不知天之高也；不临深溪，不知地之厚也。"放弃学习的人是可悲的。如果来这世上一次，不曾努力地攀登过高山，不曾临眺过深渊，该是多么的遗憾呀！但是，学习实在是一件任重道远的事，想登高峰、临深渊，不仅要有跬步之积，更要有"镂金石"之志、"饮黄泉"之心。

"吾尝跂而望矣，不如登高之博见。"学习的本质是为了改变，如果力量有限的话，踮起脚跟也是超越。当我们以"六经注我"这种更加进步更加积极的态度去演绎和诠释荀子《劝学》，我们就将获得更多向上的力量。身在人性的沟壑，也可以踮起脚，仰望无限的星空。

诵读，给文言文教学插上腾飞的翅膀

——浅析新课改下的课堂教学模式

语文课堂上应该书声琅琅，文言文教学尤其不能是老师在教室前面讲，学生在座位上听，程式固定。许多老师喜欢讲古文，认为古文非常有讲头，里面有许多文化常识，也有许多的语言现象；学生却对文言文学习的兴趣不大。高考要考文言文，就用很多的时间学习文言文，可从高考成绩看，学生的分数并不理想。

我曾在学生中做过一个调查：80%的学生认为文言文学习很难，既没有信心，也没有兴趣，甚至有学生认为"文言文就是第二外语"。在学生中还流行这样的顺口溜：学习语文有"三怕"——一怕文言文，二怕写作文，三怕周树人。

身为一名高中语文教师，如何有效地提高学生的文言文阅读能力，提高教学效果呢？课改以来我一直探索以诵读为主的文言文教学法。经过实践，通过诵读来学习文言文，学生确实很受益。使用诵读法，学生学习兴趣浓厚，积极性高。语文学习的第一要务是"读书"，是引导学生在读中感悟，在读中理解，在读中鉴赏，在读中探究，在读中学会应用。由此，我认定教学文言文，应该让课堂响起读书声，应该让学生亲密接触文本，应该让学生字字读得响亮。

文言文的阅读要注意以下两点：

第一，书要不厌百遍读。"读"是我国的语文传统教法。"读书破万卷，下笔如有神""熟读唐诗三百首，不会作诗也会吟""读书百遍，其义自见"这些名言，都是古人宝贵的治方经验，特别是文言文教学，更是离不开读，文言文晦涩难懂，如果不多读，语感就得不到有效的训练。像《六国论》一文，句式灵活整齐，读起来朗朗上口，在朗读中，能让学生渐渐进入诗文所创作的意境，体会到文言文语言的美，受到审美的教育，且能在特定的语言环境中训练了语感，学到了文言知识。教材中像《劝学》《师学》《项脊轩志》等多篇文言文都可通过朗读法来收到这样的效果。而且，要反复朗读，一读再读，再三再四的读。让学生在诵读中积累，在诵读中感悟，在诵读中鉴赏，在诵读中提高，这些作用是潜移默化的。

第二，朗读的形式要多样化。在文言文教学中，只有对课文反复朗读，才能使文言文中的无声语言变成声情并茂的语言艺术。只有反复朗读，才能培养语感，才能对课文产生审美体验，才能提高表达能力，才能体会课文的内容、感情、特色等。反复的朗读若不讲究形式多样化，学生会有单调之感，读的兴趣会减弱，进而影响学习效果。朗读需要多种多样的形式，可以齐读，个别读，范读，自由读，男生读，女生读，大声读，小声读，等等。在学生初步感知课文时，可采用齐读的方式，这种方式可以让学生整体感知文章的气势，也能在上课之初营造良好的学习氛围。在需要学生自我学习的时候，可采用默读的方式，默读能让学生静下心来，深入到文本中去。

如果在老师的引导下，学生能读出自己的个人体验，并且可以把这种个人体验在课堂上大胆展示出来，这种敢于表现的勇气又恰是我们课堂教学所应珍视的东西。另外，我们可以在教学中引入名家的范读，起到良好的示范引领作用；还可以进行配乐朗诵，使我们的诵读活动变得丰富多彩一些。学生只有在多样形式的朗读中，在足够的朗读时间里，才能读出感受，读出味道，读出情趣。

文言文教学诵读可以分三步：

第一，课前默读。让学生默课文，扫清文字障碍。把重点的生字、难词，自己通过查字典问同学的方式先解决，以便于学生读准字音，断好句读。

第二，初读会意。让学生自读课文，在诵读中理解重点词语的意思，把握句意、理解文段的意思。

第三，情读明理。让学生在读的过程中，把握文章的中心，体味文章的情感。教师在这时指导学生通过不同的语速、语调和重读读出文章的感情基调，让学生体味出作者情感，读出文章所要表达的主旨。

我国近代著名学者王国维在《人间词话》中曾经用古诗

名句形象生动地描述学习活动的特点，他说，古今之大学问者，在学习过程中必须经历三种境界："昨夜西风凋碧树，独上高楼，望尽天涯路"是第一境界，是学习的开始阶段，面对巍巍书山，上下求索。"衣带渐宽终不悔，为伊消得人憔悴"是第二境界，表明学习已经进入艰苦阶段，勤奋探索阶段。"众里寻他千百度，蓦然回首，那人却在灯火阑珊处"是第三境界，表明经过一番刻苦钻研之后，取得一定成就，心中茅塞顿开，眼前豁然开朗，惊喜之言：余悟出其中的奥妙。新课改要强调学生课主动参与，自主学习，亲身体验其中的乐趣。

学生是学习的主人，应该让学生在对文本反复诵读的基础上，自己去把握、去体味。诵读是语文教学特别是文言文教学的基础，一堂成功的语文教学，教师必须优化课堂提问的设计，要紧扣重点，不面面俱到。从教师滔滔讲说、条分缕析的樊篱中解放出来，返璞归真，把时间用于指导和训练学生朗读，培养学生的语感，才是语文教学的真谛和终极目标。

作为语文老师，必须自己"钟情"于文言文诵读，散布阳光到别人心里，首先自己心里得有阳光，自己得把书读得"响亮"。不管教材如何变，制度如何改，忽视诵读，急功近利的文言教学永远不会产生高效。

当然，文言文教学的模式还有很多，但不管哪种模式，都应着眼于激发学生的求知欲，提高文言文教学的效果，培养学生阅读文言文的能力。教师不是拿所得的结果教人，最要紧的是拿怎样得到的方法教人。面对新高考，我们要以培养学生的自主学习为目的，在教学实践中积极探索，对文言文的教学进行科学的、人文的、有效的教学设计。

　　"诵读"是我们几千年来传统的语文学习方法，是传统语文教学遗产中的精华。学习文言文，只要坚持"诵读以贯之，思通以诵之"就一定会为学生学习文言文插上腾飞的翅膀。

按照自己的方式过余生

根据领航工作室的计划，笔者每月写两篇教学反思，这篇反思的题目是在半月前确定的，当时父亲病重。而今父亲已离开半个月，作为一名一线语文教师、父亲的女儿，再看这个题目，陡然伤感起来，谁又能按照自己的方式过完人生呢?!

随着年龄的增长，越来越感觉到知识的贫乏或者说是智慧的枯竭，因为时常感到自己的无能为力，很多时候在别人那里简单轻松的问题，在自己这里处理起来却是视野狭窄。总觉终归还是书读得少，所以给自己规定每天读书一小时。昨晚看到周国平的一段话：我们每个人都要经历三次成长。第一次是发现自己不是世界中心的时候。第二次是发现即使再怎么努力，终究还是有些事令人无能为力的时候。第三次是明知道有些事可能会无能为力但还是会努力争取的时候。

第一次发现自己不是世界的中心不知是什么时间，也许从来就没有过自己是世界中心的时候。母亲说，我出生时，家里穷得吃不饱饭，她和父亲在青黄不接时要借粮食度日，连饭都吃不饱的农村，我自然不是他们的中心。后来又有了弟弟，更不会所有人都围着自己转，童年就在鸡毛蒜皮的琐事与争吵中过完了。所以，应该是在很小不记事的年纪就已发现自己根本就不是世界的中心，就已知道这世上好多事情需要自己去处理。时常想，自己现在的敏感、焦虑也许就是源于小时候。心理学界认为，生命早期的许多印象虽然绝大部分被遗忘，却在个人成长过程中留下了不可磨灭的痕迹，为后来的种种精神症状埋下了种子。

这么多年来，一直在奔命，人忙乱的时候是不能冷静思考人生的，现在才意识到即使再怎么努力，还是有些事情令人无能为力，但明知道有些事会无能为力，还是需要尽力争取。

第二次、第三次成长就连在了一起。难道这就是成长的意义所在？即使面对一些事个人无能为力，仍然要尽力去争取，去坚守本心，逆流而上。心存希冀，目有繁星；追光而遇，沐光而行。

人教人教不会，必须是事教人，也许人得到智慧的唯一办法，就是去经历，去不断地学习。一个人停止学习的时候就放弃了自己。

有人说这个世上并没有真正的感同身受。有些苦，并不是谁都有体会；有些痛，也并非谁都有经历。甚至有些无奈和苦衷，并非对谁都可以倾诉和解释。我经历了父亲的去世越来越明白这个道理。父亲从重症监护室回来已不会说话，但最后的两天意识很是清醒，我时常想，他究竟想了些什么？也许更多的是对死亡的恐惧，还有人性中的真真假假……至此，我不敢再想下去。

还是说说阮籍吧。

魏晋时期的大才子阮籍，在与友人下棋时，突然得知自己母亲去世的消息，但他居然面不改色，仍旧将棋局下完后才回家，当时很多人对他的镇定自若表示不解。母亲出殡那日，他又让人蒸了一头乳猪，吃肉饮酒，也不哭丧，旁人都骂阮籍不孝。直到宾客散尽，只剩下阮籍一个人在家时，他才大声恸哭。其实阮籍不去解释，恰恰是他知道，无论是悲伤也好，还是痛苦也罢，都跟旁人无关，只有母亲永久地离开了。

还有一次，一个兵家的女儿才貌双全，可惜没等到出嫁就香消玉殒了。阮籍并不认识这家人，当他听说后就跑到此女灵堂前大哭，哭完后转身离开。这事让许多人知道后，不仅觉得阮籍是个疯子，更骂他的不孝，亲生母亲去世他都不掉一滴泪。其实，阮籍一方面为才女惋惜，另一方面是在哭自己。才女还未遇到如意郎君就离世，就像自己空有一身抱负，却怀才不遇。阮籍也不去解释，是因为内心的苦闷，旁人很难理解，也不必去多费唇舌。

我们的心，我们的肉长在个人自己身上，酸甜苦辣，自己尝的味道只有自己明白，别把希望寄托在别人身上，别要求别人懂你的感受，叫得再大声也是白费工夫。你总要知道，不是所有人都跟你有着同样的际遇。所以，有时被人误解，也不必去解释。毕竟人生在世，冷暖自知，解释再多，也毫无意义。与其去求得他人的理解和宽慰，不如学会自我疗伤和治愈。

也许这就需要第三次成长，明知很多事无能为力，但还是要努力争取，因为人生只有一次，只能按照自己的方式做自己认定的事情，不管能不能。让自己变好是解决一切问题的关键。当自己变得足够好，就会吸引更优秀的人到身边，会进入更优质的圈子，会有属于自己圈层的人脉。

"奇葩说"中曾有一个辩题：大家误会我是老板的关系户，我要不要澄清？其中一位辩手说，其实不必去澄清，因为在职场上，你的业绩才是你最好的证明。人生在世，总有人看好你，也总有人看不惯你。即使我们把大量的时间和精力，都浪费在去做无谓的解释上，你最终扰乱的是自己的情绪。做好自己，不解释就最明智，只做自己，无问东西。可以为爱卑微，但不能丢了洋溢在脸上的自信，深埋于心中的善良，融进了血液的骨气，镌刻在生命里的坚强。

最后如果事与愿违，那就是上天另有安排。纵有疾风起，人生不言弃，唯有热爱可低岁月漫长。余生路上，就只管善良，因为只有善良才是给自己留的后路。伟大的时代，置身局内，不必抱怨波涛滚滚的凶险，而是能看到大海本身就是资源。即使人生的上半场没打好，没关系；按照自己的方式过余生，还有下半场。

"诗化小说"的解读路径

见识了鲁迅先生在《阿 Q 正传》中"喜剧的外衣，悲剧的内核"的写法后继续前行，又拥抱了沈从文先生《边城》中幽美纯净的湘西生活。感慨于它的美感之余，还是要探探这类诗化小说的解读路径，翻箱倒柜，挑挑拣拣，分享如下：

一、明确线索，把握行文脉络

与传统情节性小说相比，诗化小说不太讲究故事的起承转合与情节逻辑，不太追求情节的连续性、完整性，也不注重塑造完整的人物形象，而是侧重将主观情感融入到叙述内容之中，追求小说内在的诗意情致、情调和情绪的抒发与表达。因为诗是抒情的，而情感的变化却又是流动而非线性的，这就使得诗化小说与传统小说相比体现出明显的"形散特征，行文结构看起来随意散化，内容之间跳跃性强，表面看缺乏密切的有机关联。正是这些或显或隐的"神"构成了小说文本的内在行文脉络，将那些看似零碎、跳脱、散化的内容有机聚拢起来，呈现出类似于散文"形散而神聚"的特点。

因而，要读懂诗化小说，应抓住其"形散而神聚"的文体特征，由"形"聚"神"，通过文本内容之间的互文性关系，去抓住其内在的情感流动与诗意营构的脉络。

二、关注叙述视角，把握叙述特色

有作家认为，视角决定了文字的风格，决定了人物的个性，有时甚至决定了主题的意义。不少诗化小说比较喜欢采用主观性、抒情性比较鲜明的叙述视角，如"我"的视角、第三人称有限视角、儿童视角、回忆视角等。这些叙述视角往往根据情感抒发、氛围营造与诗意内涵的需要交织一起或灵活切换。

1. "我"的视角

《溜索》这篇小说写了一处奇险的环境，一群过河的马帮汉子，一次溜索的经历。小说处处通过"我"的见证和感受来展现马帮汉子的勇敢无畏，但文中从头至尾也没有出现第一人称"我"。"我"的缺失，却让每位读者都感受到自己就是那个"我"，这样的叙述视角确实有其独特之处。

《古渡头》小说虽然是以"我"作为叙述者，但"我"只是渡夫故事的倾听者、共鸣者，作品主体通过对话的形式，让渡夫以第一人称叙述自己的故事，便于使叙述内容服务于渡夫情感抒发的需要，同时也节省了不必要的叙述交代，带来了更多的审美空白与诗意想象空间。

2. 第三人称有限视角

《天嚣》采用第三人称有限视角的叙述方式。传统小说偏爱全知视角，现代作家则喜欢采用有限视角。有限视角下读者完全依靠叙述者的带领才能进入故事，这样叙述便于遮蔽意图，隐藏环节，更能调动读者阅读的主观能动性，也更能使读者产生身临其境之感，体现了有别于传统的美学追求。

3. 儿童视角

《呼兰河传（节选）》则是采用儿童视角。儿童视角指的是小说借助于儿童的眼光或口吻来讲述故事，故事的呈现过程具有鲜明的儿童思维的特征，小说的叙述调子、姿态、结构及心理意识因素都受制于作者所选定的儿童的叙事角度。由于儿童视角中不时地插入成人叙述者的声音，因此文本就变成了一种复调式叙事。两种叙事声音虽然腔调不太一致，但二者却能在现象与本质、情感与理性、现实与历史等多个方面形成经验互补，犹如音乐中的重唱，由几个演唱者各自按照分任的声部演唱同一乐曲，共同构建了文本蕴涵的丰富性与复杂性，从而扩大了小说的审美张力。

三、分析"物象"，把握内在意蕴

《溜索》中，鹰具有隐喻的功能，它不畏惧苦难，作为大自然的侦察兵，在马帮汉子、牛们遇到危险而胆怯之时，它率先出击，一头"扎"进那"隐隐闷雷"。表现出其无所畏惧，勇往直前，敢于冲破束缚封锁的精神。同时也渲染了一种紧张的氛围，为下文溜索的惊险做铺垫也反映了边地人民生活的朴素与顽强，更表现出溜索人们不顾一切的决心和与大自然和谐共处的愿望。阿城剥离了"鹰固有的凶猛、野性的动物性一面，直指"鹰的温存、灵性的一面，而生存于同样环境下的马帮汉子们，也从它的身上吸取了与自然险境相抗衡的力量。

《秋雨》中的山茶花在日本已经成为一种文化象征，因其凋落的姿态并非落英缤纷、铺满一地，而是毅然决然坠落枝下，毫无贪生之念，成为日本人一种豁达的生死观的体现。山茶花以及和服都体现在日本文化中，渗透在他们每个人的生命里，那样一种对生死的豁达，更多的是一种生命的强劲与韧性。

四、分析人物，挖掘文章主题

1. 展现人性美、人情美，或者表现主人公对美好生活的追求

刘庆邦的农村题材小说大都萦绕着诗意，于他而言"一篇好的短篇小说，就如同一首诗"。他用纯净优美的语言，描写"理想的美化后的乡村"。刘庆邦善于描绘女性形象，尤其是少女。他笔下的少女单纯、善良，让人联想到沈从文笔下的翠翠、汪曾祺笔下的小英子。他笔下的故事远离喧闹的都市，带有一种"古典美"的味道，在现代社会中，那种宁静和谐的世界似乎成为一种遗失的美好，常富有一种诗意而神圣的情感

状态。

《鞋》写的是女孩守明的一段美好心理的爱情故事。作家用极其细腻的笔调描写了这个怀春少女给未婚夫做鞋的心理过程，纯真少女对爱情的向往，对心上人的思念在这一针一线纳鞋底的动作中被表现得淋漓尽致。她将自己全部的生命与情感全部都寄托在了那个人身上，这也为小说后面悲剧性的结尾埋下了伏笔，虽然故事最终以悲剧结尾，但是少女守明那份圣洁、纯真不掺杂任何杂质的纯美爱情却深深地打动了读者，守明的形象也变得高大可敬起来。

通过对这些未成年人形象的塑造，作者试图传达的是对当下社会生活的启示，商品经济条件下传统乡村价值体系不免受到影响，在乡村价值体系逐步解构的同时，新的价值体系尚未构建，这给作者带来了困惑，也给成长中的未成年人带来一些影响，但是这些人物形象身上始终保持着最纯真人性。作家深刻地关注了未成年人在成长过程中所必须经历的身心变化过程，并期望通过未成年人成长过程中对人性美善的坚守而发出对人性之美的呼唤。

2. 出于对城市工业文明的厌恶和批判

城市工业文明是把双刃剑，它在带来物质财富的积累科学技术进步的同时，也引起了众多的问题，比如环境污染、资源枯竭、生态失衡等。对此，诗化小说作家都表现出了否定的态度。迟子建在其《晚风中眺望彼岸》中写道："房屋越建越密，青色的水泥马路在地球上像一群毒蛇一样的四处游走，使许多林地的绿色永远窒息于他们身下。我们喝着经过漂白的自来水，吃着经过化肥催化而长成的饱满却无味的稻米，出门乘坐喷出恶臭尾气的公共汽车。我们整天无精打采、茫然无从。"出于对城市工业文明的厌恶和批判，诗化小说作家在作品中着力倡导回归大自然，以大自然的美、和谐、安宁与城市的喧嚣和嘈杂抗衡。《锄》展现的就是现代文明对于传统农耕文明的蚕食，让人深思。

一位睿智的同事曾开玩笑似的对我说："同样是草，竹子之所以长得高，是善于总结。"深以为然。悉数十年之内的高考"诗化小说"，归纳、澄清一些思路，为之后向前跨步明确方向。

书中有味是清欢

——反思语文教师的读书、写作

周国平在《人生因孤独而丰盛》中解释说，人的生命像芦苇一样脆弱，宇宙间任何东西都能置人于死地。可是，即使如此，人依然比宇宙间任何东西高贵得多，因为人有一个能思想的灵魂。

做个读书人，做个有思想、会思考的读书人，坚持自我、崇尚真理，让生命再多一些亮丽的色彩！鲁迅先生认为，悲剧是将人生的有价值的东西毁灭给人看；在笔者看来，不读书，无话可说，最终是语文教师的"悲剧"。

部编教材总主编温儒敏教授在公众场合多次申明：未来的考试将倒逼学生读书。部编教材的编写力求回归"读书"这一本质，在"专治"读书少、不读书的弊病上下功夫。换言之，未来的考试将倒逼学生读书写作日常化，倒逼语文教师读书写作日常化。以往的语文教学，学生做题训练多，读书思考少，学生如果没有足够的阅读量，语文素养的提升就是空谈。语文教师不读书，不仅仅是语文教师的"悲剧"，更是学生语文高考成绩的"惨淡"。

想起一个段子，和一个教物理的特级教师私下聊天，他说他最看不起语文老师，因为有些语文老师整天教别人读书，教别人写作，但自己却不读书不会写文章。突然意识到，老师不读书，不写作，大概是不少语文老师的常态生活。

读书变成越来越奢侈的一件事情，尤其是阅读那些大部头的、艰深晦涩的经典，需要耗费大量时间和精力。我知道很多人制订了阅读计划，往往是无疾而终。语文老师不读书、不写作大概有以下几个原因：一是太忙太累，上课、备课、应对上上下下的任务，尤其是高三，加班改试卷是常态，疲惫的教师下班后只想休闲。二是心静不下来，白天的工作几乎耗尽了心力，即使想看书，心静不下来；心不静，是读不了书的。三是不读书、不写作似乎也不妨碍教学成绩，这大概是语文老师不读书的主要原因。陈旧的教学方式决定了语文教师无须读书，无须写作也能用题海"浇灌"学生的成绩。

语文教育专家李海林先生在文章《语文老师一定要有"干货"》说，语文教师要在学生看似平淡的地方读出波澜，要读出学生在独立阅读状态下读不出来的内容，这就是语文教师的"干货"。问渠那得清如许，为有源头活水来。语文老师不读书，思想僵化，思维固化，课堂教学"一潭死水"，又何来语文的风情万种、风华绝代！语文老师没有干货，课堂就没有魅力、没有价值。要有李先生说的"干货"，语文教师就要保持读书状态，因为语文的"干货"不可能从天上掉下来，也不可能在讲题中获得。

　　语文教师不阅读，视野和视角就受限制，就弱化了他对这个世界的理解力。只有拓宽了视野，变换了视角，原先"山重水复疑无路"的地方才会"柳暗花明又一村"，它山之石可以攻玉的道理就是如此。语文教师借着经典的解读，可以剖析我们思维最底层的文化基因。教师教会学生通过阅读经典构建了知识体系，他们获取新知识的速度就会提升，就会融会贯通。视野开阔了，视角就可以自由切换。

　　时间就在不经意间流逝，琐事繁杂，这一周读书少，脑子空空的。为了完成每天读书写作的计划，我在书桌旁坐下来。恰巧读到这样一段文字。

　　在古印度，有一个年轻的修行者，名叫纳伽尔朵。他虔诚地跟随佛陀学习，但在修行中遇到困难。一天，佛陀带着弟子来到纳伽尔朵所在的地方。佛陀问："纳伽尔朵，你为什么在这里不修行？"纳伽尔朵回答："我一直在修行，但是没有取得任何进展。"佛陀问：你有没有发现自己的才华？"纳伽尔朵羞涩地回答："我没有。"佛陀微笑着说："每个人都有自己的才华，只要找到它，你就能取得进展。"佛陀离开后，纳伽尔朵深思熟虑，发现了自己的才华——他擅长画画。他开始将精力集中在画画上，后来成为一位杰出的艺术家，最终一位王子赏识他的才华，并邀请他到宫中画画。

　　人皆有所好，而勤者必成。只有不断地勤奋学习，提升自己的才华，才能得到更多人的认可与赏识。刚才语文领航工作室的同事谢培培老师戏言，"我们写了随笔，有多少人看？"我告诉她，"我们停下写作，就连书都懒得读了，坚持写的意义哪怕就在于强逼着自己读书，也是极有意义的事情。""醴肥辛甘非真味，真味只是淡。"书中有味是清欢，做语文教师，读书写作为的是业务提升，是自身成长的需要，不是为了给谁看。对于一个教师而言，他的写作史，在某种意义上讲就是他的教育史，书写着教师的生命传奇。

有人把书比作一艘船，读书是把人带向远方。一直认为，职场就是道场，工作就是修行，尤其选择了教师这一职业，尤其是成了一名语文教师，要与书相伴，让知识的种子随时撒种，随地开花。一个有责任心的教师要读万卷书，要与时俱进，养成读书写作的习惯。纵使太忙、太累，也还是必须强迫自己读书，"闭门即是深山，读书随处净土"。

一颗石子投入水中，就会引起涟漪，一个喜欢读书的语文教师，终究会影响学生。心存善念，不断坚持，相信会汇聚成一股力量的。清早一位挚友发给我一个短视频，是科幻作家阿斯科拉克刻在墓志铭上的一句话：我永远都没有长大，但我永远都没有停止生长。就用这句话做文章结束吧，聊以自勉。

霸道还是王道

——关于课堂管理的一点思考

高一必修下第一单元的三篇文章是诸子文，先秦诸子学说是中国古代思想的第一个高峰，影响深远，值得我们深入理解。传承中华优秀传统文化，首先要认识传统文化的核心。传统文化的核心，体现的是价值观念、思维方式、行为准则等。刘梦溪先生曾说过，不是我们面对一尊青铜器、一组编钟、一座古建筑或一个古村落，就看到了中国文化的传统，实际上我们应该看到的是这些遗存物所蕴含的规则、理念、秩序和信仰，这些，才是传统。教材选入三篇先秦诸子文章，用意就是引导学生从先秦诸子的论说中"汲取思想养分"。

给自己制订了每天读书一小时的计划，于是，便选择了读易中天中华史之《从春秋到战国》，读罢，茅塞顿开。读书如饮茶、泡茶，知性；喝茶，知味。

管仲是管理天才和治国高手。管仲设计了军政一体制度，齐桓公成就霸业，讲的是"霸道"，在当时全国一盘棋，国都住士和工商，郊野住农。但无论是士还是工商，都必须按照行

67

业和身份居住，不能杂居，不准人民自由迁徙和改变职业。这可能便是最早的户籍制度，还是最严厉和最不讲理的霸道。在管仲进行的一系列改革中，于我影响最深刻的是刑罚改革中的"兵器赎罪"，官民两利，名利双收。犯了罪可以通过购买或打造兵器赎罪，充实了兵备，节省了军费，减少了杀人、动刑，又博得了仁慈和王道的赞誉。

《子路、曾皙、冉有、公西华侍坐》一文中，孔子赞同曾皙的志趣："莫春者，春服既成，冠者五六人，童子六七人，浴乎沂，风乎舞雩，咏而归。"是说暮春三月，春天的衣服穿好了，同五六个成年人，六七个小孩子，在沂水旁洗洗澡，在舞雩台上吹吹风，然后大家一起唱着歌回来了。曾皙在孔门没有什么突出表现，德才远不及颜渊，但是他"即其所居之位，乐其日用之常"，孔孟讲的是仁政，是王道。

春风和煦，阳光融融，带领一群活泼的青少年散步河边，载歌载舞，作为教师，这应该是人生之乐趣。然而，现实很骨感。在我们的教学中，学生难免会犯错，犯错怎么处理是有智慧的，需要深思。怎样做既能引领学生，起到惩戒的作用，又能激励学生不断进步。在教学中"霸道"还是"王道"是教师终生要解的一道难题。

俗话说没有规矩不成方圆，教师最大的残忍，就是在学生的学习上放任自由。没有生来就自觉的孩子，教师的一个重要职责就是督促。每一个学霸的背后，都会站着一个优秀而凌厉的老师，他要有严格的教学方法，用心负责的认真态度。恰逢学生刚刚分班，在学生学习习惯的养成上要实行"霸道"。语文学习必须强调积累，学生的积累笔记我规定必须要写，有话可写，可长篇大论；无话可写，可三言两语。教材上经典的文章，是要背诵的，可以多用时间，但不能降低背诵要求。一篇文言文结束，重点词汇的整理必不可少。知识的学习上要"霸道"，要有严格细致的规矩。

人生，总有不期而遇的温暖，和生生不息的希望。笔者有幸成为孩子们的老师，在他们低谷时，给予鼓励和安慰；在他们灰暗时，相互取暖和支撑。笔者姑且认为这就是"王道"了吧。

有一位在山中修行的禅师，一天夜里月光皎洁，他散步后回到禅房，正碰上一小偷光顾。小偷出门时撞见禅师很惊慌，禅师说，"这么晚了，你走老远的山路来探望，总不能空手而归吧，"说着把自己的外衣披在小偷身上，"夜里凉，你带着这件衣服走吧。"小偷不知所措，低头离开了。第二天，禅师推开门，看到昨晚披在小偷身上的外衣整整齐齐地叠放在门口。禅师喃喃自语："我送了他一轮明月。"温暖是会流动的，孩子们总会犯错，毕竟他们年轻，时刻警诫自己要送孩子们"一轮明月"。

传统文化是一种记忆，但留给我们的是心灵的启迪，是思想的跳跃，唯有如此，传统文化才能万古不朽，是"新文化""新规则"。有一种放下叫"不介意"，唯愿"霸道"时孩子们不介意，"霸道"后自己能放下。"不计仇怨，堪谋其事也"，普通人做事都应不因个人好恶，才能更有效地实现目标，何况有幸做了孩子们的老师呢！林语堂有句话说得好，"且将新火试新茶"。霸道也好，王道也罢，所谓师生一场，不过是相互滋养。

　　文章写到这里，总觉有些牵强和杂乱，有一种"强挤硬逼"的感觉。按照领航工作室的计划安排，今天是二月份交教学反思的最后一天。责任心极强，有能力、肯上进的王敏老师在群里催交作业了。恰逢这几天刚刚调了新班，面对新学生，想着立规矩，又愿意和他们没距离，结合这几天的读书，就硬挤了这篇不成文章的文章。孟子有一句名言："道在迩而求诸远，事在易而求诸难。人人亲其亲，长其长，而天下平。"是说平天下是很容易的事，只要每个人都爱自己的父母，尊敬自己君长，就足够了。换言之，作为教师，只要心里装着学生，爱学生，尊重学生，不管实行"王道"还是"霸道"，都可以"平天下"。坚持严管和厚爱结合，激励和约束并重，激发学生学习的积极性、主动性、创造性，把他们送到他们这个年龄该去的地方。

　　再啰嗦几句，茌平区领航工作室的成立是区教体局领导的高瞻远瞩，在茌平二中刘远奎校长的极力鼓舞下，我有幸成为高中语文领航工作室的主持人，面对领导的嘱托，面对年轻可以有所作为领航工作室成员，总觉得不做些什么心有不安。教学在反思中进步，有人说"一个教师写一辈子教案不可能成为名师，如果写三年反思能成为教育行家"，带领着领航工作室的年轻教师拿起笔，真实客观地审视教学得失，督促大家成长为教学上的"明师"，也算是求得一点心安。

　　人生征途上大家都是风雪夜中的赶路人，有幸相遇摩擦，就融化成彼此肩头的雪花吧。佛说，修行有八万四千法门，就当是修行了。

做点研究，做个
教学上的明白人

一辈子不长，余生也短，做点研究，做个教学上的明白人，别让生活输给了平庸与懒惰。人这一生来去匆匆，活的是过程。要明白，努力不是为了遇见谁，而是为了遇见更好的自己，只有自己变成更好的自己，想要的生活才会奔你而来；只有不断地淬炼，以耐心和恒心看惊喜慢慢酝酿，才能修炼成自己想要的模样。

一、研究高考题

年年岁岁题相似，岁岁年年有不同。高考题目设置切合新课标、新教材的精神，研究高考试题有助于引导学习回归课标、精耕课堂。用高考试题引领方向，用高考试题引领教学，引导教师精准地解读课标，精细地设计课堂教学。教师对高考试题、新课标把握水平，深度影响高考备考的质量。

二、研究课程标准、教材，设计好课堂教学

课程标准建立在对社会、学科知识、学生三者研究基础上，是教材编写的依据，是教师教学进行学科设计与实施的唯一依据。教材编写必须依据课标，教材是课程标准最重要的载体，是知识授受活动的主要信息媒介。教师通过研读课标，吃透教材，确定教学目标，理清教学的重点难点，方可提高课堂效果。

有句话说："人生如棋，识局者生，破局者存，掌局者赢。"人生就是一个不断破局的过程，你能破多少局，就能有多大的成就。教学如棋，研究高考试题，解读课程标准，深挖教材，把教材用好，就是一个识局、破局、掌局的过程。不断升级思维，勇于突破，这世间就没有能困住你的局，就能做一个教学上的明白人。

这几天讲《鸿门宴》，在文本后面的学习提示中有这样一个问题："力拔山兮气盖世，时不利兮骓不逝"，实力强大的项羽最终败给了一度弱小的刘邦，落得乌江自刎的结局。原因何在？从《鸿门宴》中，你也许能看出一些端倪。为了讲好这篇文章，我读了易中天中华史之《秦兵天下》，为自己找到了一点启示：性格的所有线索都可以追溯到童年。项羽少时学书不成，学剑又不成，认为剑，一人敌，不足学；要学万人敌，结果学兵法，最后又不肯竟学。个人认为，一个人的不成功很大一部分是性格上有缺陷。性格决定做出的选择，谦虚的

人会选择谨慎，冲动的人会选择感情，聪明的人会选择长远。性格决定选择，选择决定环境，环境又会影响选择，然后，环境又与命运紧密联系在一起。

三、研究人情人性，做个有情怀的教师

教师不同于其他的职业，教师必须要有情怀。一个教师不在于他教了多少年书，而在于他用心教了多少年书。做一个有教育情怀的教师吧，因为有情怀的教师会给人以亲切和舒服，世间最美的容颜，莫过于一张和气的脸。一个内心慈悲的人，定是和颜悦色的人，只有内心孕育出慈悲，才能把善意传递给更多的人。浓厚的人文情怀环境会在不经意中激发学生学习的积极性，从而提升学校的办学水平。做教育就是一场修行，不是高台坐禅，胜似求佛问道，一切努力，只因值得！

学校的教研也好，领航工作室的教学反思也好，任何事物必须有他的环境和土壤才可以。种子是处于休眠状态的植物，萌动发芽是它进入生长发育的重要起点，要解除种子休眠必须满足其所需要的温度、水分、空气和光照等条件。告诫自己，控制欲望，做不到一尘不染，但要努力不改本色。只管培芽、育芽，花开满园得之，我幸，心怀感恩；满园荒芜失之，淡然，学会释怀。眼前的一切，或许就是上天给予的最好安排。

悲观的人虽生犹死，乐观的人永生不老。从容地面对生活，豁达一些，人生的美好，就是和志同道合的人一起做有意义的事情，共同成长，见证美好。人生很短，时不我待，人稳

致远，不必得失过重，不必慌张怨怼。行胜于言戒空谈，一勤天下无难事，在教学中勤学勤思。苟日新，日日新，又日新，在教学上改革创新，不扬鞭，自奋蹄。

内心澄澈，做点研究，做个教学上的明白人。眼有星辰大海，心有繁花似锦，有正念，行正道，眼里看到就是满天繁星。以欢喜之心，慢度日常，以期人生顺遂。

如此，甚好。

繁漪和林黛玉能在现实
生活中存活吗？

——教材小说人物赏析

　　繁漪是周朴园的妻子，却与周朴园的大儿子周萍产生了感情，从某种意义上讲，这是乱伦。她物质生活很优裕，因在精神上受周朴园的禁锢，她炽热的情感在当时的统治下变得病态了，她绝不为现实的压力而委屈自己的情感。她寻找情感的寄托，而且不是把情感寄托当成可有可无，相反她把与周萍的关系当成命。曹禺把那些越出道德的善与真的情感当作一种可贵的发现，让读者在体验这种情感的过程中，去体验生命的丰富和复杂。也许，这就是艺术的追求，情感的丰富和复杂的发现，就是美的发现。在艺术家曹禺看来，繁漪是一个充满生命的女人，把艺术形象的情感价值放在最重要的位置，哪怕是这种情感与理性的善和真拉开了某种距离。但是，作者知道现实生活是理性的，最后繁漪疯了。

　　林黛玉和繁漪一样，为情感而生，为情感而死，情感给她的欢乐大于痛苦。她的情感是那样敏锐，那样奇特，以至于和她最爱的贾宝玉相处也充满了怀疑、试探、挑剔、误解和折磨。因为她爱得太深，把感情看得太宝贵，甚至比生命更宝贵，她不能容忍有任何可疑、牵强的成分，更不要说有转移的苗头。让强烈的情感出于林黛玉虚弱的体质，在曹雪芹看来可能并不是出于偶然或随意，也许他正是要把情感的执着和生命的存活放在尖锐的冲突中，让林黛玉坚决选择了情感之花的盛开而不顾生命之树的凋谢。林黛玉这样的人物在情感上是正价值的，而在理性上是负价值的，现实是理性的，所以，林黛玉不能活在现实生活中。

人类征服物质世界，凭的是自身的理性，就牺牲了情感。情感被压抑着，被压迫地处于沉睡的状态，或是叫作潜意识状态。在人的小丘脑下部，有一个机制，就是压抑人的自发性欲望的。为了最有效地获取生活资料，就有了科学，人们要追求客观的真实。一个人从懂事开始就接受道德的善恶和科学的真伪。

在现实生活中，薛宝钗才能存活。她为顾全大局能把爱和恨心甘情愿地化解掉，她在人事关系上取得了巨大的成功，她克制自己的情感，不让自己和任何人冲突。有小说评论家说她是一个健康却没有感情的美人，是一朵没有生命的纸花，这是从审美价值来说的。生活是真实的，所以，曹雪芹让薛宝钗服食一种"冷香丸"，她虽然很美，但是情感是冷的。

人情何苦南山觅

——由诗歌赏析说开去

《醉落魄·人日南山约应提刑懋之》

无边春色。人情苦向南山觅。村村箫鼓家家笛。祈麦祈蚕，来趁元正七。

翁前子后孙扶掖。商行贾坐农耕织。须知此意无今昔。会得为人，日日是人日。

关注《醉落魄·人日南山约应提刑懋之》是在 2022 年高考结束时，当高考题来看的。后来在不同的场合谈到高考题也举这个例子。而真正地思考这首词，是源于一次青岛之行。

在山东乃至在全国，青岛是个好地方，是中国沿海重要中心城市、滨海度假旅游城市和国际性港口城市。有同事接二连三地到青岛工作；有同学青岛做生意，生意兴隆；也曾心向往之。去青岛参加核心素养立意下高中语文"阅读教学实践"观摩会。听了几节名师的观摩课，听了几场专家的报告会，有名师授课又以此词为例。特别是程翔老师的展示课和报告让我对这首词有了更深的理解。

词中的"南山"是春光优美之地，令人神往。那里是桃源乐土，"村村箫鼓家家笛"，家家都要去祈祷，苦苦地去寻觅"春色"。人心是向上的，无时无刻不在追求着幸福与美好，古往今来，概莫能外。显然，作者是在勉励人们追求不止、生生不息。大多人都是俗人，向上求，求经济富足，求一举成名，求更有价值的人生。一般人做不到不俗，有钱、有权、有名的人才可以不俗，不俗的人不是不食人间烟火而是不愁人间烟火。因为不执着于出人头地，却已经是出人头地了，外其身而身存，后其身而身先。随着年龄的增长，喜欢读《道德经》，那是一本充满智慧的书籍，书中讲透一切事物亘古不变的本质。人只需平整土地，三四月做事，在八九月自有答案。距离事物本质越近的人越有智慧，越能活得通透明白。

"商行贾坐农耕织"，告诉人们各守本分，认真做事。朱熹在《朱子语类》中说："如有一般人，只安常守分，不恁求利，然有时意思亦是求利，察其所安，又看他心所安稳处，一节深一节。"很多时候，人是需要安守本分的，一个人做事的心境很重要，作为教师需要心安。安心研究教材，用心教书育人，走好教师自身的淬炼之路。

程翔老师的话让我反思："教师只有有了足够高的业务能力，才能托起学生的明天。"教师需要专业素质，需要专业知识、专业能力及专业态度。教师要研究先进科学的教育理念，有人曾经用冰山作比喻，说一名教师的专业素养就像一座冰山，表露出的部分专业素养往往只有10%左右，而大量隐藏着的专业素养则占90%。很多时候发脾气，可能是因为专业素养不高，底气不足。在教学过程中捉襟见肘，力不从心，是知识储备不足以旁征博引、挥洒自如。教师传授知识做不到深入浅出，即使学生不反抗，也不会信服，亲其师方能信其道。所以，教师的学习一直在路上。

"翁前子后孙扶掖"，翁、子、孙的排列顺序，告诉人们要有长幼之分，要懂规矩。近日讲梁思成的《中国建筑的特征》一文，说中国的古建筑左右呈轴对称，对称的布局给人以庄重、整齐、和谐之感，中国的礼仪讲究的是秩序，延续的是规矩。孝敬父母是做人之本，"为人子，止于孝"，心平何须持戒，身正何须坐禅，父母就是我们的佛。父母就是世间最大的福田，在家孝父母，何必远烧香。职场如道场，事事皆修行，心怀敬畏，尊敬领导，领导代表的是有秩序的组织，是一个战略的团队，维护的是集体的利益，做事要有规矩。

"须知此意无今昔"，"会得为人，日日是人日"。不论古今，人都要内修、立本，明白了这些道理，天天是人日，一切都在意料中。世上没有任何"简单"的事，大道至简，握紧拳头，手是空的；张开手掌，拥有的恰恰是整个世界。做教师需要的是责任和温情，做教师只需拿出了自己最大的诚意，骨子里就会带着热情。

人情何苦南山觅。《大学》有言："物有本末，事有始终。知其先后，则近道矣。"世上的事物都有本末始终，做事的真谛在于明确他们的顺序。人生苦短，日子过得纤尘不染，人生所有的好，都需要自己来成全。努力把自己活成一道光，因为会有人借着你的光走出黑暗；努力保持心中的善良，因为有人会借着你的善良走出绝望；努力保持心中的信仰，因为有人会借着你的信仰走出迷茫。生命的意义，就是用生命影响生命。

淡看行云，任风而行

——也谈教师的职业幸福感

梁启超在《曾文正公嘉言钞》（序）中说："曾文正者，岂为近代，盖有史以来不一二睹之大人也已；岂为我国，抑全世界不一二睹之大人也已。"不知从何时起，《曾国藩》这本书就成了读书事宜中不可或缺的一本。而且，还不止一次买这本书送人。为了让儿子读这本书，刻意把书放在随手可及的地方，只可惜，儿子到现在也没有读。今天，一早起来没去跑步，也推掉了可以推的事情，再次把它拿出来，聊以治疗自己的浮躁。

最是"静"字功夫要紧。曾国藩治学不主门户，善于贯通各家各派。唐鉴有一次告诉他，"最是'静'字功夫要紧，大程夫子是三代后圣人，亦是'静'字功夫；王文成亦是'静'字有功夫，所以他能不动心。若不静，省身也不密，见理也不明，都是浮的。"唐鉴的话指点了曾国藩，他想到老庄也主张静，管子也主张静，佛家也主张静，看来这"静"字是贯通各家学派的一根主线，正是天地间最精微的底蕴。从那时起，曾国藩每天都要静坐一会儿，许多为人处世、治学从政的体会和方法，便都在此中获得。尤其遇到重大问题时，他更是不轻易做出决定，总要通过几番静思、反复权衡之后，才拿出一个主意来。为让气氛更宁馨些，还往往点上一支香。

曾国藩向唐鉴请教检身之要，读书之法。唐鉴说检身用八字概括：检摄在外，整齐严肃；持守于内，主一无适。读书之法，在专一经；一经果能通，则诸经可旁及；若遽求专精，则万不能通一经。并且说，经邦济世不外看史。唐鉴又告诉他，督促自己修身的最好办法是记日记，经唐鉴的指点，曾国藩开始对自己的一言一行严加修饬，并立下日课，有主敬、静坐、早起、读史、谨言、修身、早起临摹字帖等十二条。唐鉴又告诉曾国藩，"《中庸》上讲：'莫见乎隐，莫显乎微，故君子慎其独也。'君子之可贵，就在于慎独。'独'尚能审察，世人能见之不善岂敢为乎？"唐鉴还送曾国藩亲笔楷书条幅："不为圣贤，则为禽兽。只问耕耘，不问收获。"

曾国藩后来能关心民瘼，留意经济，学问渊懿，老城深重，极有心计，唐鉴对他影响很大。曾国藩将唐鉴视为黄石老人。后来曾国藩遭遇挫折，唐鉴认认真真地用蝇头小楷给曾国藩写了一封长长的信，极为诚恳。并鼓励他"今日办事，千难万难。但古人说得好'世无艰难，何来人杰？'"

静默如初，安之若素。选择了教师这一职业，注定了一生要一如既往的清净美好，不以物喜，不以己悲。生活总是充满起起落落，我们不能预知下一刻会发生什么。在二中这个远离城市喧嚣的地方，禁住诱惑，在纷扰中保持一种清醒，安守心灵的一片净土，也是教师这一职业的莫大幸福了。

古代圣人推崇：有智慧，不如乘势；有镃基，不如待时。因此，故圣人常顺时而动，智者必因机以发。生在这样的好时代，应该以笔为马，奔赴教育的诗和远方。作为教师多读经典之作，勤反思，课堂上定有回应。

九月是很好的月份，云淡风轻，温和爽飒。的确，九月是很好的月份，秋光潋滟，莫不静好，凉风有信，百事从欢，草木摇黄，丰收在望，去做点什么吧。只管努力，上天自有安排，心怀热爱，未来可期，把酒祝东风，且共从容。

山色空蒙雨亦奇

——说一点教师个人的感悟

已过不惑、年近半百，没有了杂念丛生。告诉自己："心态要逐渐趋于平和，内心也要变得如如不动。"也时常用先哲圣贤的话修身养性："君子不自大其事，不自赏其功。"做一个明白通达的人，认清自己的能力，行事谨慎低调，但求余生顺遂安稳。耐读的人生应该具有自己独特的风格和风采。

上午母亲打电话，劝我不要再去折腾收拾房子，她担心我做事太过于追求完美，耗费精神、垮了身体；弟弟也在一旁极力劝阻。除了儿子，只有他们是我在这个世界上有血缘关系的至亲。想到这些，突然之间就觉得人这一生每天忙忙碌碌，看似拥有的很多，而真正拥有的太少，特别是到了人生的最后。今年侄子去当兵，昨天下午去送行，突然就想到父亲。如果父亲还健在，在这送行的一行人中，父亲应该是最控制不住自己，老泪横流的那个！因为人老了，功名前程应该不是最重要的东西。

恰巧下午，一位挚友发给我一个短视频，题目《人这一辈子，什么最重要》，什么最重要，什么都重要，但什么又不是非有不可。因为你曾经认为最重要的，总有失去的一天。遗憾才是人生的常态。欲买桂花同载酒，终不似，少年游。便邀东风揽明月，春不许，再回头。重行故地儿时路，雪不停，白了头！残柳不语雁不误，西风转，世已秋。在不知不觉中，发现两鬓白发已无法掩盖！吃饭以后，把碗放下，不要纠结吃的好坏，吃饱与否。

母亲和弟弟都疑惑，千岛的房子我收拾得如此尽心，为什么不去住。他们哪里知道，那里是我安放心灵的地方，我不想它有烟火的味道。这么多年在生活，在谋生，甚或是在奔命，其中的滋味也都流逝在岁月中。自从收拾了那所房子，每当我静坐在房子的某一个角落，我就觉得自己可以淹没了自己，自己可以原谅了自己，自己就可以解放自己。

释迦牟尼说，人越接近晚年，越要重视三样：好心态、三观正、行善事。好心态是人生中最重要的财富之一，对生活乐观，对他人宽容，对自己自信。正如徐志摩所言："阳光照在每一个角落，脚下都是柔软的草地。"好的心态就像一轮明媚的阳光，温暖了我们的内心，驱散了阴霾。三观正，年龄越大，越要接受并尊重生活的多元性，看清人性的多变与复杂，避免偏见和狭隘。正确认识自己、他人和世界。做好该做的，改变可以改变的。莫问前程，但行善事。人生就是一场修行。用行动书写，向美而行，过一种幸福完整的教育生活。把课给学生上得意味深长、耐人寻味，形成自己的课堂风格与风采。

余生很短，怀抱希望，勇敢前行，充满激情，追求内心的富足和灵魂的满足，每天就从好好吃早餐开始。在瓦尔登湖畔独居的梭罗把早晨当作是一天中最值得纪念的光景，是苏醒的时分。起床后为自己做一份早餐，无论丰盛与否，都是认真生活的好态度，都是在热爱生活。坚持运动与读书，力争有温度，有情趣，能自律，能在人生的下半场遇见更好的自己。求得人生的"山色空蒙雨亦奇"，不在匠艺，而在匠心。

　　不透支精力，不损耗健康，健康顺遂，方得长远。让花成花，让树成树，让过去成为过去，让开始成为开始。了了分明，如如不动，让别人做别人，让自己做自己。

受伤 ＋治愈 ＝成长

又到了写教学反思的时间。美国心理学家波斯纳曾提出教师的成长公式：成长 ＝经验 ＋反思。但是，做一件事坚持下去不容易！写一篇文章也不可以信手拈来。无意间看到 2017 年去烟台二中进修时写的研修日志，颇有感受。摘录其中一则，在这燥热难耐的下午，权当静中悟、热取凉吧。

2017 年 10 月 3 日

昨天晚上九点十五下课，到鲁东大学的学生宿舍去投宿，被门卫大嫂拒绝。她态度坚决，口气生硬。雨不紧不慢地下着，我步行半里路找到自己的车，开车回到二中已是十一点多，路上感慨颇多。

一是任何时候，不要难为任何人，只要被逼迫，人总是会想办法让自己有路可走的。而且，上天无论对一个人多么苛刻，它也一定会为一个人留一条路的，正是天无绝人之路！

二是人的成长、成熟，需要亲身的经历，人只有身临其境，才会有切身之感，才能学会宽容、大度。这些年适应了安逸的生活，没有为省钱让自己变得如此窘迫。雨中深夜开车在路上，一直在质疑，自费去参加那样的研修班，是否有意义。之所以没办住宿，是潜意识觉得花费 2200 元的培训费，有些许冲动。所以再投资食宿，一刹那间心疼 900 元钱，结果让自己变得狼狈不堪。

今天听张家声先生的讲课使我受益匪浅，昨天晚上所有的郁闷顿时化为乌有，很庆幸这次的培训决定。于别人而言，他们更多关注专业的提升，我没有那样的高度，但是老先生的理念让我终身受益。把它整理成五句话。

第一句："老师，从你进入教室那一刻起，你就要投入，用你的激情、真挚去感染学生。"

第二句："发音不准确，就是欺骗。手里不离字典，遇到不认识的字一定要查。"

第三句："不要怕失败，要向上看，向前看。太阳在山顶上。"

第四句："不要轻易地说一句话，要放到整篇文章中去理解，态度乃导向，说话的态度不同，语气不同，表达的情感就不同。"

第五句："当今世界有四宝：口才、时间、金钱、电脑。口才，乃人生必修课。"

晚上回到烟台二中，写一篇随笔——《教师的"责任"养在心中》。

"性天澄澈，无动风月"，在这喧嚣浮躁的世界，诸多声色犬马不断侵蚀着我们的心灵，我们必须学会筛选，自我治愈，不因外界的波动而失去平衡。

生活永远都是现场直播，没人知道下一秒会发生什么。遇事要懂得内敛，保持谦虚低调的人生态度，以低求高，以谦自持，以善待人。保持比生活高一点的心态，拥有宽容的美德，才能遇见更好的自己，更美的风景。

教师的"责任"养在心中

有的人只见过一次，他便影响你一生，张家声先生就是这样。我只是在参加诵读高级研修班时听他讲过一天的课，他便把"责任"的种子种在我的心中。

参加培训是一个很偶然的机会，参加培训的大多是电视台的节目主持人，听张家声先生的讲课，于别人而言，更多地关注专业的提升，而张先生对艺术追求的信念以及他的责任感让我受益匪浅。

五十多年来，张家声先生演过不少戏，演播、朗诵过许多作品。他都是在准确、丰富、形象而又深刻地理解了作品之后，变作品中的生活，为"自己"的生活，用我塑造另一个"我"。

他讲了自己的一个事例。20世纪90年代初，他正在剧院排戏，接到一个电话："张老师，俺搞了一部电视专题片，准备参加国际比赛。请你给解说。"他问："什么时候录？"对方说："最好在明天中午之前录完，俺要赶下午的火车回去。"

他说："那就请你今天 12 点半之前，把稿子送来，我得抓紧时间准备。"对方竟然说："呀！你还用准备吗?"他说："呀！我不准备怎么给你录?"对方说："稿子不长，才三千来字！"他说："就是三十来字，我也得准备呀！"对方说："你这么大的艺术家，还用准备? 不用！俺曾请过两位著名主持人录节目，他们都是进了录音棚，看上一遍稿子就录了。"他说："我可比不了他们。我比他们笨！就是三个字的稿子，我更得准备！我得考虑为什么仅仅是三个字，竟然能解说三十分钟的片子！"后来那部片子在国际上获奖了！那位导演激动地说："我说你啊，这么大的艺术家，竟然还那么认真准备！"

作为教师，我们上课，多少次是因为文章已经讲过，就疏于认真备课。时间不同，内容要有所变化，学生不同，方法要有所调整。为此，我们做了多少?

张家声先生说，语言创作有三要素——说什么、怎么说、为什么说，即内容、方法、目的。同理，教师上课考虑三个问题：讲什么（内容），怎样讲（方法），为什么讲（目的）。教师讲一篇课文也要思考三个问题：讲什么（内容），怎样讲（方法），为什么讲（目的）。张先生说，发音不准确，就是欺骗。为此，他手里不离字典，遇到不认识的字一定要查，仅就语言发音规范这一点，就不能掉以轻心。不仅仅是语言规范问题，文章的内涵、风格以及语言态度、节奏等相关的"规定情境"，都要认真准备，且必须认真准备！否则，错误、笑话、误导会百出呀！

至此，我汗颜。

　　张先生说，生活语言是有声艺术语言的基础，一旦掌握了有声艺术语言的创作规律、方法与技巧，就能提高生活语言的水平。遗憾的是，中小学语文课，重文不重语，或许因为升大学只考作文，不考口才的缘故吧！其实，教师讲课的主要手段，便是"讲"。他回忆他上中学的时候，同学们特别喜欢一位生物老师，老师的特点是语言亲切、形象生动、感染力强。那位老师能让全班同学当堂记住所有教学内容。这就是口才的价值！作为教师，我们应该给学生什么样的课堂，不能不深思。

　　张家声先生说有声艺术语言的创作规律八个字：理解作品，表达作品。二者的辩证关系是，理解作品是前提、基础，不理解作品，无权表达作品。但是，理解了作品，未必表达得出来。因此，尚需要表达能力、技巧，二者缺一不可。理解作品有三个要素：理解什么（内容），怎么理解（方法），为什么理解（目的）。理解什么？有个专业名词，叫"规定情境"，即作品中的时代背景、人物关系、事件、矛盾、冲突、主题思想、艺术风格以及现实意义，等等。怎么理解？艺术离不开想象力。爱因斯坦说："想象力比知识更重要，因为知识是有限的，而想象力概括了世界上的一切，推动着进步，并且是知识进化的源泉。"我们要依据作品，调动自己与作品相近的生活以及直接和间接的经验，展开想象。

　　张先生讲他读《兵车行》的例子："兵车行"的故事。距今两千年了，我们不可能有当时的直接生活的经历。那么，如何激发自己具有作品所需要的、相近的思想感情呢？比如，朗诵到"君不见青海头，古来白骨无人收。新鬼烦冤旧鬼哭，天阴雨湿声啾啾"时，笔者想起了自己的二哥。他是个非常好的人，然而，在"文革"期间硬生生地被逼死了。他是在天津公园的一棵大树上，上吊自杀，两天都没人管。当时，笔者在北京……朋友们，当笔者朗诵到"君不见青海头，古来白骨无人收……"眼泪就夺眶而出。

变作品中的文字为生活中的形象，即变文字为形象，变作品中他人的生活，为"自己"的生活。之后，再考虑如何表达得更形象、更生动、更有感染力。

过后参加一次比赛，读《雨霖铃》，受张先生影响，我变作品中柳永的生活为自己的生活。柳永才性高妙，由于父亲柳宜身为降臣，所以科场失意。他不屑与达官贵人交往，晚年穷愁潦倒，死时一贫如洗，是他的歌妓姐妹们集资营葬。我想自己：高考失利，一个人在聊大的宿舍睡三天三夜，不吃不喝；工作、生活上的波折，到二中举目无亲，举步维艰；为了工作，一个人离家千里，漂泊在外，客居他乡。"寒蝉凄切"，我想象：骤雨过后，一只寒蝉在秋风中瑟瑟发抖。"念去去，千里烟波，暮霭沉沉楚天阔"，我想象：高速路上离家越来越远，与老人孩子相隔千里，偌大的操场上，苍穹下，只有我一个人。至此，读词时我泪流满面。王海艳老师不明白我为什么把词读得那样戚伤，实际上，她不知道，我自己都被诗词或是自己感动了。

张家声先生的教导一生铭记。当尚未准确、丰富而又深刻地理解作品之前，不要忙于出声朗诵。不能准确、深刻而又形象地理解作品，则没有资格去表达作品，而硬生生地去表达，不仅很肤浅，往往还会歪曲作品。

最后以张先生的话做结：不要怕失败，要向上看，向前看，太阳在山顶上。

一个人要信仰多次
才能看见天空

——做一个有信仰的教书人

早晨醒来，读到《人民日报》上一句话："让自己成为一个阳光的人，不是去温暖别人，而是在寒风刺骨的时候，可以温暖自己。"寒冷的冬季，穿过林荫小道，踏进满地冰雪，觉得透心凉时，如果有一缕温暖如春的阳光，可以穿透我们的衣衫，照进我们的心扉，对抗周遭的严寒，那该有多好啊！

然而，也许，这救世的暖阳并非从天而降，而应是发自我们内心最热烈的那一隅。人到中年，越来越深刻地认识到，没有救世主，人心必须珍藏某种信念才会有彩虹，而一个人要信仰多次才能看见天空。

作了教书人深刻明了读书的意义：让你对这个世界的理解比别人更深刻也更丰富；让你为生活奔波的时候，依旧能为心灵世界保留一点空间。临近放寒假时，买了《南渡北归》，北大化学系教授曾昭抡的故事，曾令我心潮难平。

曾昭抡是晚清名臣曾国藩的后辈，他为人低调，穿得破破烂烂，平时沉默寡言，很少与人交际，只是专心治学。用费孝通的话说"他为这个学科费心尽力，像一个妈妈对自己的孩子一样。"在我国他是把实验室办到大学里边的第一个。曾昭抡把国外多年学到的绝招全部施展了出来，并天才地加以发挥，对各项事务做了彻底革新，使北大化学系无论是人才还是设备一跃成为全国业内最强的一个系，受到全国教育界的瞩目和称誉。

北大南迁后，曾昭抡率化学系一批师生到长沙，然后随湘黔滇旅行团向昆明徒步进发。每天自清晨走到傍晚，曾氏不走小道捷径，而是沿着盘山砂石公路走，每当休息时，他就坐下来写日记，每天如此。而且，每到一地，借修整之机，曾昭抡还同闻一多等教授一起做政治演讲，分析中国的国力、军队和武器，以及长期抗战中如何解决所需要的钢铁、棉花、酸碱、橡胶等物资的供应问题，同时论证抗战必胜以及胜利后将需要大量人才，寄希望于当地青年与西南联大学生等议题。凡是大师必有仁爱之心、博专之学、善化之能，在成就别人的同时，也成就自身的"生命幸福"。无疑，大师都是有高阶思维的人。他们因为有坚定的信仰，就会有高尚的境界；因为有了超越别人的行动，自会开辟光明的未来。

作为普通人，要想成为一个阳光的人，更多的是要有一种自我调适，自我疗愈的能力。今天下午要开学科教研会，就整理了这篇文章给老师们，因为有些教师真的很消极，看不到远方。学会用阳光的心态去面对生活中的种种挫折和不顺，相信只要我们足够坚持，拿出"今天不想跑，所以今天跑"的行动，日拱一卒无有尽，功不唐捐终入海。懂得关爱自己，关爱别人，用宽容和温暖拥抱内心的落寞，以期待的心情活出阳光般的生活。梭罗的《瓦尔登湖》有句话：导致我们闭上眼睛的阳光，对我们来说就是黑暗，只有在我们醒着时，天才是真正的破晓。

自我觉醒，才意味着是真正的光明；自我觉醒，一切就是刚刚好。就在刚刚，一位同事发出一幅杨柳吐绿的图片，沉舟侧畔千帆过，自有枝头万木春。

夜色难免黑凉，
前行必有曙光

"用一只眼睛观察周围的世界，而用另一只眼睛审视自己。"意大利画家阿梅代奥·莫迪利亚尼独特的见解如同一面镜子反射着我们与世界、与自己的关系。眼睛是心灵的窗户，从这扇窗户可以窥探灵魂，更可以折射一个人看世界的视野。一月二十八日参加了一个会议——"教育神经科学在课堂"主题研讨会，主讲嘉宾周加仙教授的一番话让我感慨万千。她说她做过十年的初中英语教师，然后读硕士，在她导师的影响下读博士，在我国首创教育神经科学学科与专业，并进行教育神经学在课堂的探索与研究。且不说周教授的能力与成就，她敢于前行的眼界和魄力足以让我敬重。

作家弗吉尼亚·伍尔夫说："你必须照亮你自己的灵魂，包括其中的深邃和浅薄，虚伪和真实。"在人生的旅途中，我们需要拥有一颗敞开的心，一只审视内外的眼睛，去探索生命中美丽深刻的角落。时光转瞬即逝，不管你现在是年轻还是年老，不管你是意气风发还是一事无成，都阻碍不了世事的变迁。在这个世界上，不是所有的合理和美好都能按照自己的愿望存在或实现。社会在变化，生活在变化，人也在变化，没有什么是一成不变的，更没有什么是理所当然。保持向上的心态，接受和适应变化，并且不断地进步才是该有的状态。每个人最终肯定要归于平凡，况且我们本就是平凡的人，又何必如此诚惶诚恐，患得患失！

按照领航工作室的规划，每半月写一篇教学反思一类的小文章，我知道坚持下去自有收获，也是必须，但是不知道从哪一天开始，就消极起来。就如鲁迅先生在《呐喊》自序里所说："因为这个工作经验令我自我反思，看到了自己：便是我决不是一个振臂一呼应者云集的人物。"恰在中年，对于老人，不敢随意说话，母亲年龄大了，愈发敏感，她有属于她的世界，她生活在她那个世界里。对于孩子，不敢妄言，他二十刚出头的年龄，在为他世界的美好而奋斗。不管成功与否，他都要自己走他的人生路。自己现在这尴尬的年龄——不再年轻，却又不是太老。似乎一眼望到头的生活，绝不是自己想要的，人活着不仅仅是为了活着。到底是怎样的终点，才配得上这一路而来的颠沛流离？

任何一国之国民，尤其是自称知识在水平线以上之国民，对其本国以往历史，应该略有所知。所谓"对其本国以往历史略有所知"者，尤必附随一种对其本国以往历史之温情与敬意。了解历史，是为了了解现在和预测未来，对一切不能左右的要充满"温情"，心怀"敬意"。时常想，自己也算是一个读书人，应该知道儒家的人生，不偏向外，也不偏向内，不偏向心，也不偏向物。飞翔的远离现实，将不是一种福；沉溺地迷醉于现实，也同样不是一种福。有福的人生只需脚踏实地，安稳向前，哪怕无人同行。做人做事肯定要脚踏实地，但怎样才算是安稳向前呢？暴躁的脾气常让自己烦恼，遇事总是平静不下来，不平静是因为自己没素心，头脑不清明。明智懂舍得、宽厚知进退，如此刚刚好。世情通达，生活明朗，人生拾级而上。

对女性来说，嫁给爱情是幸福，但有多少女人是幸运儿！不负岁月，不抱怨命运应该是大多女人一生的真实，日子过的就是岁月的轮回和不甘心的释怀。人这一生哪有快意恩仇，大部分时间里也只是咽下各种各样的无奈。别把自己当回事，不和别人比输赢，平视自己，不卑不亢，保持学习，学会放下，行走在自己的节奏里。做自己的靠山，做自己能做的事情；寄希望于别人，讲究的是利益均衡、天时地利，差一分一毫都是空门。佛前焚香、白日悬梁，只愿回首来路，初心不改。

夜色难免黑凉，但唯有前行才会有曙光。在平平常常的生活中，唯有内心充实，勇于前行，不将精力无端耗费于顾虑之间，才有可能拥有比今天更好的明天。寻找自在从容，涵养和提振向上的精气神，才有可能让自己变得越来越好。所有的从容淡定，都是在世事中磨砺出的坚韧；所有的游刃有余，都是在千锤百炼中铸就的精湛技艺。在岁月的长河中，即使写下的文字肤浅，但只要坚持，终究会被文字深深青睐。每一行文字，都是内心的呼唤，都是对未来的憧憬。

　　刚才同事开玩笑，说今天公历一月十六，农历腊月初六，着实是个好日子。对于一个人来说，只要珍视健康，把握机会，创造价值，拥有一颗快乐的心灵，每天都是一个好日子。只要坚守信念，定会云开月明。

思进　思变　思危

时代变化太快，人工智能快速发展，机遇划时代，风险划时代，全世界的人都在面临新的挑战。尤其我们教师面临诸多尴尬、无奈。诸如教育的应试属性，让教育乱象丛生；教育的剧场效应，让劣币驱逐良币；教育的形式主义，让教育失去他应有的宁静。折腾、不理解；等等。但是，教师是一个特殊的职业，教师着眼的是明天，面向的是未来。换言之，着眼的是学生的明天与未来。因此，教师不能苟活于当下，功利于现实，必须要有梦，要有教育理想。

教师如果没有人生的理想信念与教育的理想主义，最终就会坠入"人生的灰色地带"。"教育，必要的乌托邦"，联合国教科文组织发布的《教育：财富蕴藏其中》也反映了，教师是一个充满理想主义的事业。要具备扎实的专业知识，进取精神。要好好经营自己的三分麦田，得和学生一起放飞梦想，做个"不扫兴"的老师。不能不学习，吃老本，让精神停止生长；更不能佛系，安于现状，没有工作动力，没有生涯规划，没有发展目标。魏书生说，教师要逼着自己每天从一个新的角度认识世界，认识自我，自我拓展，自我提升，这是教师这个职业的特殊性，是时代的要求。

近来"躺平文化"四处蔓延，随处可见选择躺平的人，有人说这就是个躺平的时代。对此，我实在想不明白！不管社会发展到什么年代，个人也好，集体也罢，有了目标以后，实干和努力的程度几乎就是能否成事的最大变量。《矛盾论》告诉我们矛盾是一直存在的，问题也会一直存在，人生路上没有哪一件事会轻轻松松地就可以成功。做事不埋头苦干，哪怕拥有的条件再优越，也容易半途而废，一切成空。无论什么时代，做什么事情，只有躬身入局，不置身事外，把自己变成解决问题的关键变量，才能取得成功。

教育的起点在哪里？我认为教育起于态度。教育是一个多元复杂的过程，教师要更新观念、创新理念，改变教学方式、探索课堂模式。新高考、新课标、新教学、新评价，形式在变，任务在变，工作要求也在变，我们每个人要想发展必须主动求变，否则就要被淘汰。新高考形势下教师不仅仅定时做题，讲解知识，还要精准查找问题根源，特别是思维过程，然后针对问题根源，基于高考评价体系进行讲题教学设计并实施教学，注重规律总结和解题模型的设计，强化变式训练，力求讲一题学生能会一类题。

有人说世界上最耀眼的光芒有两种：一种是太阳的光芒；另一种是我们努力的光芒。努力和奋斗之所以如此耀眼，就在于它体现了为梦想不断努力的决心和勇气。"天长地久。天地所以能长且久者，以其不自生，故能长生。是以圣人后其身而身先；外其身而身而身存。非以其无私邪！故能成其私。"老子《道德经》第七章的这段文字，我抄录下来，时时激励自己。太阳光芒万丈，东升西落，万古长存，是因为它不为了自己的生存而自然地运行。圣人积极上进，遇事谦退无争，反而能在众人中领先，正是因为他们的无私奉献成就了他们自身！奋斗和努力使我们的生活充满活力，责任赋予我们生命的深刻意义。

国家领导人提出过，希望广大教师大力弘扬教育家精神，并深刻阐释了"中国特有的教育家精神"之内涵：心有大我、至诚报国的理想信念，言为士则、行为世范的道德情操，启智润心、因材施教的育人智慧，勤学笃行、求是创新的躬耕态度，乐教爱生、甘于奉献的仁爱之心，胸怀天下、以文化人的弘道追求。教育家精神从源远流长的中华传统师道文化中走来，正在中国式教育现代化进程中闪耀着时代光辉，并体现在每一位教师的"当下行动"中。近来几次组织学校的学科大教研活动，每次会议上都愿意把教师要"思进、思变、思危"这个话题抛出来，既是勉励年轻人，更是勉励自己。大部分人在三四十岁就停止了"生长"，后面的岁月活得都是影子，都在模仿中度过。日复一日，机械地重复着每天的所作所为，所思所想，所爱所恨而已。

面对教师这个神圣而又普通的职业，应该勇于进取，不断进步。山不向我走来，我便迎难而上，向山而去，胸怀壮志，策马扬鞭。只有在三四月耕耘，才会在八九月收获！人生有两条路，一条用心走，叫梦想；一条用脚走，叫现实。只有心怀梦想，脚踏实地地努力，才会让自己白豪地飞翔。正如曾国藩所说，"天下古今之庸人，皆以一惰字致败。"

在人生的长河中，我们每个人都是行者，在踏着时代的节拍，追逐着心中的梦想与希望。唯有思变、思进、思危，才能让平淡的日子，变得有趣有盼。即使面对生活的挫折，睡一觉醒来，也要勇往直前。在平凡的生活中对自己也对学生有期待，有望穿秋水的期待，才会有意想不到的欣喜。

人生是一场灵魂的寄居

以往处理《秦风·无衣》，只要求学生达到基础的背诵目标即可，鲜少分析；即使分析，也不算透彻，以至于我对本篇也有雾里看花之感。暑假过后，遵从学校安排，接任高二的语文教学，因着突如其来的疫情，我们进行了为期 12 天的线上教学，任务安排甚是具体，到了感人的地步。这其中就包括四篇古诗词背诵，《秦风·无衣》便是其中之一。

开学之初，检查背诵是首要任务，毕竟这四篇皆属高考必备范畴。然，线上的学习效果着实不妙，背诵不准，诗意难解，鉴赏无感，皆是现实问题！于是乎，领略"秦风"风采被提上日程。

新课标下，老师单方泛泛解读不是首选；师生实时互动才是上策。课堂不再是老师全力展示之地，而是学生生成认知的场所。那就再给予学生诵读本诗的时间，结合注释，先行形成自己的基础认知。抓住这次机会，我怀着空杯之心，再次走近《无衣》。

这是秦地的军中战歌，诗文共三章，采用了重叠复沓的形式，反复读来，我们很容易能够体会到那股战斗的激情。然，这次战斗，是为谁而战？模糊的记忆中，那个王，也是模糊的。"王于兴师"注解为"周王出兵打仗"。"周王"？哪个周王？去翻阅相关资料，对创作背景有多种揣测，却都有共同点：一是要表现秦的尚武；二是要凸显士兵同仇敌忾。最终笔者倾向于秦地兵士是为以周幽王为中心的周王室而战。

彼时为秦襄公七年，也是周幽王十一年，周王室内讧，导致戎族入侵，攻进镐京，周王朝土地大部分沦陷。秦国靠近王畿，与周王室休戚相关，遂奋起反抗。当学生了解到这是为守护周幽王而战时，有些是不信服的，因为"烽火戏诸侯"是他们对周幽王的全部印象，昏庸、无脑是属于周幽王的标签。所以，同学们不觉得这样的天子值得以命护佑。但是，当我们谈及内外矛盾、轻重缓急、唇亡齿寒之类的话题时，他们一下子又明白了很多……

"为谁而战"明了后，就是深刻感受兵士们那磅礴的战斗激情了！

每一章开头都是问答式。"岂曰无衣"，是反问，但也有自责，洋溢着不可遏止的愤慨，仿佛在每一位兵士心上点了一把火，于是无数战士雷鸣般回应："与子同袍！""与子同泽！""与子同裳！"这样震撼的场面，无异于战前壮行，战士们团结友爱的情感四溢！只有情感，还远远不够！"修我戈矛""修我矛戟""修我甲兵"这些富有动作性的描写，给予了我们战士们磨刀擦枪、舞戈挥戟的想象空间，战士们协同作战的形象也浮现在眼前。好一派激烈作战的壮观场面！

善于思考的同学，注意到了"同仇""偕作""偕行"的顺序，问到能否调换。商讨一番过后，明确："同仇"，是共同作战的目标；"偕作"是行动的开始；"偕行"则是战士们共同奔赴前线了。这样想通之后，文章背诵层面应该不会再出现章节内容混背的问题了。真棒！

诗文很短，但是涵盖的内容却是丰富的。投入赏析过后，同学们的收获应该是可喜的！借着这股激情，翻看相关资料，对那个时代秦地的人们又有了更深一层的认识。春秋战国时代，贵族个个下马能文，上马能武，侠客遍地，武士横行，一言不合就拔剑相斗。那时的中国人，不喜欢一步三摇弱不禁风的白面书生。不论男女，皆以高大健硕为美。

《诗经·秦风·无衣》中有注："秦人之俗大抵尚气概，先勇力，舍生忘死。"班固在《汉书》中也说："秦之时，羞文学，好武勇。"意思是说，秦国的男儿，都是赳赳武夫，舍生忘死，慷慨就义，不搞文绉绉的东西。哪怕是今天说着吴侬软语的江浙一带，在先秦时代也曾是一片气质刚劲的土地。西汉刘安《淮南子·主术训》篇说："越王好勇，而民皆处危争死。"

那个时代，人们更看重死，不畏死，死是一种光荣，是一种自豪。

教育是一场修行

领航工作室在暑假安排了读书计划，读孙绍振先生的《名作细读》，本书第一章《在大自然面前的审美心灵变幻》前言部分的标题是"夏天为什么缺乏诗意经典"。的确，一年四季极少有写夏季的经典。带着这个疑惑，我查阅了相关资料。

读一位当代作家梁衡的《夏》，他说整个夏天是一种紧张、热烈、急促的旋律。人们的每一根神经都被绷紧。尤其是古代劳作的农人，"田家少闲月，五月人倍忙"，他们肩上挑着夏秋两季。

在夏季岂止是农人的肩上挑着夏秋两季！作为教师，夏季这个长长的暑假于我意义非凡，单说近日的南通培训学习，让我受益匪浅。

南通课堂教学改革的案例"立学课堂"，是一项与时俱进的教学改革试验，之所以取得好的成效，就是因为他们努力紧跟课程改革，研究新课标，制订新方案。立学课堂的核心思想是通过知识学习与学生发展关系重构，实现"立学"中"育人"、"育人"中"立学"、"育分"中"育人"。这就是说，核心素养时代的教学活动要由"教书"升级为"育人"，从关注学科知识的教学转向关注"人"本身。

此次南通之行，最让我心情不能平静的是知道了有位年过八旬仍坚守讲台的李庾南老师。今年84岁的李庾南老师仍然站在南通市启秀中学的讲台上，六十四载，她的一生都耕耘在三尺讲台。她创设出了影响全国的"自学·议论·引导"教学法，她几乎获得了一名教师所能得到的所有荣誉。

她是不知疲倦的教育者。"我最近尝试着用电脑给学生们上网课，发现这些新事物我还是能学会的，所以，人活到老要学到老。"日前，记者在启秀中学采访时，李庾南老师精神饱满，正在给学生上网课，她时不时提问，引导着孩子们思考、交流，孩子们也踊跃地回答问题。

她是永不满足的改革者。"在学会中达到会学"，是李庾南老师一直倡导的教学理念。执教这么多年，可谓驾轻就熟，但她从不满足。"即使曾经教过的内容，也是认真备课，我不断地研究，做到每次上课都不一样。"李庾南老师说。1978年，是李庾南老师从教的第21个年头。"当时我教的学生成绩好，带的班又是优秀集体，我开始以为我是个好老师了。"她说。但她同时也逐步认识到了教育教学课堂的目标，不只是让学生学会，应该是让学生在学会的过程中会学，因此她觉得离"好老师"还有很长的路要走，于是就投身于课程改革。

李庾南老师认为，人总要有一点精神的，她在教改中的每一次前进、每一项突破都离不开反思、挑战、创新、奉献这些精神要素。学无止境，教亦无涯，李老师流年中走成自己喜欢的模样。"夏条绿已密，朱萼缀明鲜。炎炎日当午，灼灼火俱燃。"夏天树木的枝条浓密盎然，朱红的花朵点缀在上面明亮鲜美。正当中午，炎炎烈日当空，花朵灼灼，像火燃烧一样。内心丰腴，生活才有情趣，李庾南老师一生追逐阳光，她的心中是明亮的。

夏，是象形字，关于"夏"的字源，在字形上是一个人的象形：甲骨文中头、发、眼、身躯、两臂、腿脚一应俱全，且双手摆开呈现出一种强而有力的架势。在字义上，"夏"的本意是"人"，后假借指一年四季之中的第二季，指农历"四、五、六三个月。东汉刘熙的《释名》指出：假也，宽假万物，使生长也。

"夏"字五行中属火，在这炎炎似火烧，使人性情烦躁的季节，南通学习给了我心灵上的震撼。"夏"的本意是人，是说人的成长必须浸在苦涩的汗水里，也就是"宽假万物，使生长也"！只要心中有点精神，有责任和担当，教育无论怎么走，脚下都有路。而且，在前行的道路上一定要双手摆开，呈现出一种强而有力的架势，有根脉，有魂脉。

康德提过，有两样东西，我们对它们的思考越是深沉和持久，它们在我们心灵中唤起的赞叹和敬畏就会越来越新，不断增长，这就是头上的星空和心中的道德律。一个人可以在身体方面受到极好的训练，可以具备聪明的头脑，却依然在道德方面缺乏教养，从而成为一个邪恶的人。而教育可以培养人的最高抱负和心智，教育的真谛是为了让人变得更好，让世界变得更好。在苏霍姆林斯基看来，教与学不是冷漠的知识转移，而是师生心灵的碰撞与对话。教师不仅是学生学习知识的指路明灯，而且是名副其实的生活导师和道德的引路人。

面对浮躁、焦虑的社会环境，我们应该如教育家阿伦特所说，停下来思考。思考当下教育存在的问题，探索解决问题的路径。教育是一项艰苦的工作，需要长期坚持不懈地努力，和谐教育的核心是人道主义，是培养人的和谐全面发展，于我们而言，教育就是一场修行。凡益之道，与世俱行。

二中探索实践超越教育，超越教育就是让每一个生命有价值地存在，把学生的品行操守看得比一纸分数更重要，把学生的人文素养看得比考试成绩更重要，把育人看得比育才更重要。让生命中每一个转身都是一个新的起点，让每一次回眸，都是一次新的柳暗花明。

天空湛蓝而高远，大地美丽而宁静，云卷云舒，花开花落，一切自然而然，才能变得灿烂，生命也将返璞归真。生活当如夏花，灿然明亮。

辑二

且读且思且悟

　　人一生都在行走，或出没乡间，或穿行都市，或缠绵于亲情，或沉醉于书籍，或浸润于工作……生命在行走中消逝，人在思考中永生。且行且思，如虔诚的藏民般跪拜上天的赐予，有生命，有思想，有追求。行走为生命拓展了宽度，读书为生命增加了深度，人生便在这且读且悟中变得成熟、智慧和伟大！

读书·教学·感悟 | 逐梦

河沙裹流，非沉淀不能清澈

——读孙绍振《名作细读》有感

　　执着于安排语文领航工作室开展读书活动，缘起于看到的一句话："我深怕自己并非美玉，故而不敢加以刻苦琢磨；却又半信自己是块玉，故又不肯碌碌庸庸，与瓦砾为伍。"无论是否美玉，但人生只有一次，春生、夏长、秋收、冬藏，是自然的法则。于是，在张允允老师的建议下我们一起读孙绍振先生的《名作细读》。

　　每每说起当下令很多人不满意的语文课堂现象，如"莫在文本以外打游击，语文教学要引领学生在文本中来来回回地行走，解析文本时不能用一些传记材料打马虎眼。""不能将人所共知的、现成的、无需理解力的、没有生命的知识反复唠叨。""把语文课上成语文课，不能以其昏昏使人昭昭。"

　　语文不同于其他学科，要把教师的权威建立在使学生从不懂到懂，从未知到已知。学生面对文章，一目了然，间或文字上有某些障碍，求助于注解或工具书也能解决。语文教师是从学生的已知中揭示未知，指出他们理解上的盲点，将已知转化为未知，再揭示深刻的奥秘，让学生恍然大悟。这就需要语文教师掌握丰厚的理论知识，用生命对文本去做独特的领悟、探索和发现。

书中强调语文教师需要有宏观理念，例如，与机械反映相对立的审美价值论，与真善美统一相对立的真善美三维"错位"理论。在分析文本的方法上需要用黑格尔的辩证法，正反合的内部矛盾转化的模式，结构主义的层次（表层和深层）分析法等一些学术研究的普遍方法。语文教师理解透彻文本，不仅要有深厚的宏观学养，更要有具体问题具体分析的能力。

朱自清先生的《背影》在中学生民意测验中得分相当低，中学生不满意的理由是"父亲违反交通规则""形象很不潇洒"。这里就有一个很严肃的美学问题，主要是审美价值和实用价值之间的关系错位。实用价值是一种理性，主要讲的是理性的善恶，遵守交通规则是善，不遵守交通规则是恶。而审美价值，则是以情感为核心的，情感丰富独特的叫美，情感贫乏的叫恶。但是，情感和理性并不是绝对统一的，而是有矛盾的。情感太强烈往往超越实用理性，不实用，但从审美情感来说，反而是很美的。审美价值往往是超越实用功利的。从实用价值来说，眼泪是一点价值也没有的，在人生变故中，哪怕你哭得死去活来，也于事无补。但是，林黛玉的眼泪，仍然能感动人。智育教育强调的是理性，以压抑情感为主，但是，如果光有理性，人是片面的、不完整的，文学最大的价值，就是为人恢复那失去的另一半，让人成为完全的人、有情趣的人。

在《背影》中父亲为儿子买橘子，从实用价值来说，完全是多余的。让儿子自己去买，又快又安全，又不违反交通规则，父亲去买比儿子费劲多了。但是，父亲执著要自己去买，越是不顾交通规则，不考虑自己的安全，就越是显示出对儿子的深厚感情。如果不是这样，父亲认真地考虑上下月台的安全问题，就太理性，没有感情可言，甚至煞风景了。"不够潇洒"的问题也一样，父亲越是感觉不到自己的费劲，自己的笨拙，越是忘却了自己不雅观的姿态，就越是流露出心里只有儿子没有自己的情感。

学生对《背影》最大的感知盲区，不仅在于作者对"母爱一样的父爱"的不领情，而且在于，当他为父亲艰难攀爬而感动得留下眼泪时，发现父亲回来了，连忙把眼泪擦干，不让父亲知道。这才是父子之爱的特点：对父爱的拒绝是公然的，而为父亲的感动却是秘密的。亲子之爱的"错位"不仅是时代的，而且是超越历史的，渗透着一代又一代人重复的人性。如果成功地对《背影》进行教学，对学生的审美启蒙是很有冲击力的。这也正说明了《背影》应该入选语文教材。经典文本的历史性和当代学生之间的隔膜，是教学中的难题，但并不是不可沟通，这就是语文教师的使命之所在，这需要语文教师要具有深邃的认知图式。

教学《愚公移山》，学生一定会有各种问题，愚公移山靠人工能移动大山吗？愚公要移山，是因为山挡住了他家出门的路，移山的任务太艰难了，与其移山，为什么不考虑搬家呢？等等。其实，就《愚公移山》而言，文本主题显示的是一种坚定不移、顽强不息、为既定目标不达目的誓不罢休的精神。

这在文本中有明确的提示。最后，山是被"夸娥氏"二子背走的，这夸娥氏在一般课文中注解为"神话中的大力天神"，是只大蚂蚁。愚公移山，就是对大蚂蚁移山的一首赞歌。在文学作品中，实用价值和审美价值常常会发生错位。

在文学作品当中，没有实用价值的东西还有另外一种价值，它就是情感的价值，情感的价值在美学理论中又叫审美价值，这种审美价值是更能超越实用价值的价值。这一说法在欧·亨利的《麦琪的礼物》中最为突出。小说描写了一对夫妻在圣诞节前夕互相为对方购买礼物，但是却把自己最珍贵的东西换来了对方用不上的东西。虽然结局充满戏剧的色彩，但是整个过程确实耐人寻味。

《三国演义》中写道曹操先误杀了吕伯奢一家八口，后来明知吕伯奢是好心款待他，又把他杀了。明知错了，一错再错，不仅不忏悔，不难为情，还要宣言"宁叫我负天下人，不叫天下人负我"，为自己坚决而果断地不道德而"动心"，而"自我欣赏"，为自己的不要脸而感到"了不起"。《三国演义》不但让读者看到这样的丑恶，而且有一个潜在的眼睛，在引导着读者阅读这样的心理奇观，在字里行间，不动声色地让曹操的行为逻辑与读者的良知背道而驰，这在文艺心理学上叫作"情感逆行"，就是一味和读者的情感作对，让读者的良知受到打击，感到诧异，感到愤怒、痛苦。这就转化为艺术的享受，洞察人性黑暗，是一种痛快。文学艺术表现了这种心理过程，揭示了人性的黑暗，从而，使读者的感受结合着痛感和快感。

读罢《名作细读》，深刻感悟到语文教师要多读书，深思考，要做学问。分析文本时要以宏观的理论建构为基础，把握普遍的原理，然后在必要的时候对教材做具体的分析。清代学者张潮就把人生分成三种境界：第一种，在窗子里面看月亮；第二种，在庭院中望月；第三种，站在高台上玩月。大多数人都属于第一种，有自己的局限，只能在窗子里看月亮。少数人属于第二种，从屋子里走出来，来到庭院中望月，才发现视野更广阔。只有极少数人属于第三种，站在高台上，与月亮嬉戏，体会到真正的人生之趣。在把握文本上，我们语文教师要做的是站在高台上玩月，这条路很长……

河沙裹流，非沉淀不能清澈。语文教师要想引领学生在文本中自由行走，必须得有沉淀。

天道酬勤，地道酬什么？

——读《周易》有感

《周易》卦辞："天行健，君子以自强不息。"天道酬勤，上天会按照每个人付出的勤奋，给予相应的酬劳。读过各种成功的秘诀，有人说足够的勤奋敌不过好的机遇；有人说成功源于高情商；有人说人的命天注定，一切都在命运的掌控中……作为一个普通人，我觉得只要你足够勤奋，一切便会功到自然成，差一点点的勤奋都不行。

记得刚来二中上班时，举目无亲，经济拮据，是美国原国务卿赖斯"八倍努力"的话激励我前行。赖斯的父亲告诉她：如果你拿出双倍的尽头往前冲，或许能赶上白人的一半；如果你愿意付出四倍的辛劳，才得以跟白人并驾齐驱；如果你愿意付出八倍的辛劳，就一定能赶在白人前头。二十年的时间，赖斯从一个备受黑人歧视的黑人女孩成为著名的外交官员。有人问她成功的秘诀，她说，因为我付出了"八倍的辛劳"。

45岁的赖斯出任国务卿，小布什坦言，美国国务卿是"美国的脸"，世界将从赖斯的身上看到美国的力量、仁慈和风度。我相信后天的勤奋可以弥补先天的不足，这么多年不管经历什么，都一直行走在勤奋的道路上，总以为勤奋是救治愚笨的良药。随着年龄的增长，越来越觉得做人除了勤奋，还要"厚道"。地道酬什么？地道酬德。

《周易》卦辞："地势坤，君子以厚德载物。"做人要胸怀宽广，道通德厚，少怨恨。人存于世，要为人厚道，不要浅薄。一个人能力再强，学识再渊博，都要品行端正。第一次思考这件事情源于母亲。因为父亲的去世，母亲更为敏感，言语上有时难免固执偏见。直到有一天，母亲泪眼婆娑，哭诉说："很多事不愿意给你说，说了你也不明白！"突然间就知道：母亲不争吃喝，她要的只是一个可以倾诉的人！百善孝为先，要做一个厚道的人，先从"顺养父母"开始。祸福无门，惟人自召；善恶之报，如影随形。做人要厚道，要心怀敬畏，要懂得体谅他人。人在自我向上提升的过程中做不到必定利于他人，但是，一定要谨记：己所不欲勿施于人。

《易·系辞下》中言"有天道焉，有人道焉。"《中庸》里讲："诚之者，人之道。"应该就是告诉我们要以至诚立身行事。经历了很多事情，明白一点：如果一个人不诚，失去的不是别人的信任，而是自己立身的根本，失去了比千金还宝贵的东西。

时至今日，更觉得"做人厚道，收敛自己"是做人做事的道理。在成长的过程中尝过世间冷暖，看过人生百态，明白万物到极端，都会生出祸患，做人要学会收敛自己。处事时，收敛锋芒，人不能锋芒太露，人若太狂，大胆妄为野蛮生长，则必有祸殃。风头再盛，也要放平心态，懂得收敛自己。遇事时，要收敛自己的脾气。一个脾气和顺的人，脸上满是仁慈。

2020年生病住院，发现得病的那些女人大都脾气暴戾，不懂示弱，不柔和。三分冷静留于心，七分理智去做事。谨言慎行，收敛自己的脾气，是对别人的善良，更是对自己的成全。曾国藩在家书中告诫子女，做人要厚道，不说恶话，做事留有余地。积口德，尊重别人，看似是包容别人，实则是厚待自己。年龄增长的结果从某种意义上讲是认知的提升，我们之所以认知不足或者认知比那些有智慧的人低，因为他们要么是有着优渥原生家庭的强大经济和人脉，要么是经历了我们没经历的事，看过我们没看过的世界等，这些条件促使他们成了一个敏感的高认知的人。换言之，是他们比我们提前看过世界且知晓了世界运转规律和人类生存法则。所以，他们更容易一眼看出事情的本质，尊重事物发展的客观规律。做人厚道，渡人渡己，当你给予了温暖与善意，自然也会得到美好与暖意。

欲海难填，终至负累；犹豫不决，徒增忧愁。欲求生活静好，便需雕琢言行，举止有度，释怀宽心。人到中年要学会减少欲望，珍惜当下，感恩每一次的遇见。纵使艰难，也要学会放下无尽的贪念，唯有如此，方能感受生活的美好。人生的诸多不如意，往往不是因为我们拥有的太少，而是因为我们想要的太多。

"天之道损有余而补不足，人之道损不足而奉有余，孰能有余以奉天下，是为有道者。"漫漫人生路，路路九曲弯，掌握好规律拐点，看得清，甚于走得远。在时代的洪流面前，我们渺小得就像蝼蚁，必须心怀敬畏，时来天地皆同力，运去英雄不自由。无论面对什么的境况，内心要平和，心和才身合。往后余生，厚道做人，踏实做事，不卑不亢从容，不怨不艾坦然。

心之所向，境之所在

——读《红楼梦》第五回有感

再读《红楼梦》第五回，感慨颇多。今早偶读仓央嘉措的诗集《问佛》，看到一句话"境由性生，物随缘转，心之所向，性之所在。"更是心潮难平。

宁国府花园内梅花盛开，尤氏乃治酒具，请贾母、邢夫人、王夫人等人赏花。是日，贾母等人早饭后过来在会芳园游玩，先茶后酒，不过皆是宁荣二府女眷家宴小集，并无别样新文趣事可记。一时宝玉倦怠，欲睡中觉，贾母命人好生哄着，歇一会再来。贾蓉之妻秦氏便忙笑回道："我们这里有给宝叔收拾下的屋子，老祖宗放心，只管交与我就是了。"又向宝玉的奶娘丫鬟等道："嬷嬷、姐姐们，请宝叔随我这里来。"贾母素知秦氏是个极妥当的人，生得袅娜纤巧，行事又温柔和平，乃重孙媳中第一个得意之人，见她去安置宝玉，自是安稳的。

当下秦氏引了一簇人来至上房内间。宝玉抬头看见一幅画贴在上面，画的人物固好，其故事乃是《燃藜图》，也不看系何人所画，心中便有些不快。又有一副对联，写的是：世事洞明皆学问，人情练达即文章。及看了这两句，纵然室宇精美，铺陈华丽，亦断断不肯在这里了，忙说："快出去！快出去！"

秦氏听了笑道："这里还不好，可往哪里去呢？不然往我屋里去吧。"刚至房门，便有一股细细的甜香袭人而来。宝玉觉得眼饧骨软，连说"好香！"入房向壁上看时，有唐伯虎画的《海棠春睡图》，两边有宋学士秦太虚写的一副对联，其联云：嫩寒锁梦因春冷，芳气袭人是酒香。案上设着武则天当日镜室中设的宝镜，一边摆着飞燕立着舞过的金盘，盘内盛着安禄山掷过伤了太真乳的木瓜。上面设着寿昌公主于含章殿下卧的榻，悬的是同昌公主制的联珠帐。宝玉含笑连说："这里好！"

心之所向，境之所在。宝玉不厌恶读书，身为富家子弟，他厌烦说教与空谈。宝玉因为"世事不洞明，人情不练达"屡次被父亲呵斥。所以，来到上房，他要逃之夭夭，忙说"快出去！"而在秦可卿的房间，看到的是唐伯虎的《海棠春睡图》，此时宝玉倦怠，最想的是睡午觉。秦少游从师苏东坡，审美境界独特，情韵兼胜，"嫩寒锁梦，芳气袭人。"加之那股细细的甜香，宝玉心里舒服，含笑连说："这里好！"

由此想到我们做教师，应该给学生创设一个较为宽松适宜的心理环境，让学生感到"心理安全放松"和"心理自由愉悦"，如果营造了这样一种环境，学生就不会产生危机感、压抑感、恐惧感，也就不会为自己的创造意识设防。

由此想到茶文化，随着年龄的增长，越是喜欢喝茶。在这烦杂快节奏的社会，世界和真情的空间越来越小，茶室是让心理走回重生的地方。茶室静坐，点燃一支熏香，偷得片刻的安静与清闲，在内心疲惫焦虑的伤口上点燃一盏香油灯，与自己和解。

由此想到孩子教育，一转眼，儿子大四了，父母何尝能为他搭建大路朝天的梯！他要饮时光的内容，他要揣着青春行走。他掌上的人生唯有澎湃了漫漫长途，方可换来清欢杯中的从容，方可开阔了收获，绵延了快乐与富足。读过的书沉淀思维的深度；走过的路，拓展眼界的广度；遇过的人，教会做人的宽度。儿子三观正，人也通透善良，期盼他人生路上遇贵人，有格局、有视野，能活出真正的人生意义。

今年的冬天很特别，本该在学校读书的孩子，居家上网课；本该是人声鼎沸的校园，一片冷寂。前几天刷到个短视频，两兄弟对话：同学不叫同学，叫"网友"；老师不叫老师，叫"主播"；妈妈不叫妈妈，叫"网管"；上课不叫上课叫"开播"，下课不叫下课，叫"下播"……看了这个段子，做教师二十多年的我，心里莫名的痛。但愿孩子们能静心学习，家庭能给孩子们创设一个健康的读书环境。

无病之身不知其乐，病生始知无病之乐；无事之家不知其福，事至始知无事之福。人生的本质就是一个情感体验的过程，越来越深刻地感悟到人生的过程就是在做"舍""得"。

自然运行着它的规律自成天地，生活也变换着它永恒的悲欢离合，我们只能选择临风起舞。境由心造，好的心情要靠创造，为他人，为自己。摆渡人生需要品味与感悟，春在大地一卷绿，万物破土斩荆棘，切莫伤了自己也疼了别人。

心之所向，身之所在，行之所向，境之所在。

读《书匠》，不改初心

国庆节过后，我们进行了高二上学期第一次月考。试题很好，是备课组长精心筛选的；文章更好，品读过后，认知会更深一层。在这里，我分享小说《书匠》带来的收获。

首先，分析本篇小说的选材特点：《书匠》是 2020 年全国Ⅱ卷选用的小说，选文围绕修书匠老董为修复清雍正国子监刊本《论语》的书皮而寻找合适的染蓝染料展开，集中体现老董倔强、正直、技艺精湛、朴素的形象。它紧扣社会热点《我在故宫修文物》《匠心》等；在"立德树人"层面，体现了对工匠精神的弘扬和传承。

其次，"文本细读"。所谓文本细读，顾名思义，就是对文本进行细腻、深入、真切地感知、阐释和分析。了解文本写了什么，小说文本与之对应的就是小说中情节的梳理与概括、人物形象的分析与领会、题目的分析与理解，乃至小说的语言及叙述方式、顺序、人称等。它包括对文本的整体细读、文句细读和字词细读等。（1）整体细读：是小说阅读的第一步，为了整体把握小说的内容。（2）文句细读：对文中的重要句子进行理解分析，包括人物的语言、小说的叙述语言的分析等。（3）字词细读：关注文本中重要段落、重要情节中某个重点字词的分析，以此为突破口，进而更细致深入地分析文本内容。

最后，明确主观题目解题方向。文章设计了第8题和第9题两个主观题，问题分别是"本文画线部分表达了老董怎样的心情？请结合文本简要分析。""老董的匠人精神主要体现在哪些方面？请结合文本简要分析"。审题过后，不难发现第8题要求对"思想感情"进行概括，它是对人物形象的局部考查，这要求我们做到局部精读，揣摩人物言行，准确概括。第9题则是考查"人物形象＋分析主旨意蕴"，这需要着眼于全文整体归纳，需要结合工匠精神的内涵来作答。这也是答题的难点。翻看学生的答案，你会发现，学生对"工匠精神"的内涵知之甚少，"工匠精神"只是作为一个特有名词存留在他们的脑海中。鉴于此，我们对学生进行了"扫盲"。

工匠精神是一种情怀、一种执着、一份坚守、一份责任。"工匠精神"的基本内涵包括敬业、精益、专注、创新等几个方面的内容。其一，敬业。敬业是从业者基于对职业的敬畏和人热爱而产生的一种全身心投入的认认真真、尽职尽责的职业精神状态。其二，精益。精益就是精益求精，是从业者对每件产品、每道工序都凝心聚力、精益求精、追求极致的职业品质。其三，专注。专注就是内心笃定而着眼于细节的耐心、执着、坚持的精神，这是一切"大国工匠"所必须具备的精神特质。其四，创新。"工匠精神"强调执着、坚持、专注，甚至是陶醉、痴迷，但绝不等同于因循守旧、拘泥一格的"匠气"，其中包括追求突破、追求革新的创新内涵。

题目解析虽完毕，对文本更深更广的探寻仍在继续。怀抱着对《书匠》全篇的好奇，我进行了一番搜索。《书匠》最早发表在 2019 年第 12 期《人民文学》上，是中篇小说，是葛亮的作品。小说中，葛亮塑造了两位古籍修复匠人：老董和简。一个师从故宫名师，却流落民间干着修鞋匠的行当；一个师从英国名家，竟待在阁楼寂寥度日。他们是书的医生，医书、医人，也医自己。这篇小说用一句出自明代周嘉胄《装潢志》的话作为前言："不遇广工，宁存故物。"这句话是老董和简这样的古籍修复匠人的从业原则。

对文化的承继以及中西精神的碰撞向来是葛亮小说中的主题，他擅长在传统文化的本性中坚守艺术的奥义也往往能在外来文化中寻找融合的可能。葛亮的小说《书匠》正是借用了"修复古籍"这样一个在历史长河中逐渐消弭的职业，以古今、中西两种文脉渊源进行跨度化的对照。他将视点聚焦在两个完全不同又极其相似的人身上，试图利用这样一种手艺上的代代相传来探讨深刻的历史主题。当时代的洪钟在每个人头顶敲响，总有一些手艺面临离弃，然而，匠人的技术固然会为科技所取代，匠人精神却仍然在无尽的风云变幻中传承。

正如葛亮在创作谈中所言的："'整旧如旧'是他们工作的原则。这是一群活在旧时光里的人，也便让他们经手的书作，回到该去的断代中去。这些书的'尊严'，亦是他们的尊严。"

工匠精神在今天被不断提起，想来不仅仅是社会意义上对精细化运作的生产追求，更是历史背景下对于专注、创新、敬业等品质精神的呼唤与向往。一方天地之中，匠人将毕生心血投身于修复之中，暮鼓晨钟之间，即是"整旧如旧，岁月如新"。

以往提及"教书匠"这个词，我总觉得戏谑成分居多，不愿意被人冠以这样的称谓。然而，经此一番探寻，我倒期待自己成长为一名更为合格的教书匠人，毕竟，这个时代，到处需要匠人精神！

再读《狂人日记》

鲁迅手书四句佛偈："放下屠刀，立地成佛；放下佛经，立地杀人。"是说佛魔皆在一念间吗？带着这样的疑惑，我再读《狂人日记》。

青年时代的鲁迅在进化论、尼采超人哲学和托尔斯泰博爱思想的影响下完成了由医学到文学的成功转变，成为"最伟大和最英勇的旗手、中国文化革命的干将"，是名副其实的中华"民族魂"。没有离奇的故事，没有引人入胜的情节，鲁迅的小说以其展现的平凡人的平凡生活而蕴含了无限的艺术魅力。

"狂人"是迫害狂患者，是个平凡人，不为世间所知，无关大体，鲁迅先生隐其名，只说他是昔日中学良友。狂人出门十分小心，"赵家的狗，为什么看我两眼""七八个人交头接耳议论我""一路上的人都是如此。其中最凶的一个人，张着嘴，对我笑了一笑：我便从头直冷到脚跟"。狂人晚上总是睡不着，他看周围的人"话中全是毒，笑中全是刀"。吃饭时发现"鱼的眼睛白而且硬，张着嘴，同想吃人的人一样"，他吃了几筷，滑溜溜的不知是人是鱼，便把兜肚连肠地吐出。

且不说鲁迅先生写狂人的狂态，实际上笔笔触动的都是读者思考时代、社会、人生真谛的心弦，是要深刻揭示病态社会的悲哀。而是很多时候，是自己也病了。

鲁迅曾经寂寞，叫喊于人群中，无人反应，既不赞同，也不反对，如置身于毫无边际的荒原，无可措手。所以，凡事一个人有了主张，得了赞同，是督促自己前进；得了反对，是激励自己奋斗。寂寞使鲁迅先生反省，明了他自己绝不是一个振臂一呼应者云集的英雄。

生活中各处是壁，有形的，无形的，能碰而不感到痛苦的，一定是胜利者。在各种碰壁中，明白自己绝不是一个能在人情世故中如鱼得水的人。遭遇的成败得失本是最平常不过的事，但总是被消极情绪阻拦前行的脚步，深感身心疲惫。正如鲁迅先生所说，中国人不但"不以戎首""不为祸始"，甚至于"不为福先"。所以，前驱和闯将，大抵谁也怕做。然而，人性岂能真地如道家所说的那样恬淡，人欲望得到的实在是太多！

林语堂曾说，"欲探测一个中国人的脾气，最容易的方法，莫过于问他喜欢林黛玉还是薛宝钗"。跟黛玉学做人，跟宝钗学做事，大抵即可立地成佛，也可立地杀人了。

跟黛玉学做人，坦率真诚。大观园里等级制度严明，连丫鬟都分三六九等，林黛玉不因为香菱的地位卑微而轻看她，悉心为她讲解写诗的要点和技巧，并把自己珍藏的诗集借给香菱，帮她进步。在如今的时代，欲望充斥，繁花迷人，很多人拘于名利地位，不自觉把人划为各个等级，对上极尽谄媚，对下肆意轻慢。懂得弯腰，放低姿态，弯腰并不是卑微，而是谦卑与涵养。

跟黛玉学做人，行不苟合。面对感情，黛玉不卑微、不祈求，不会因为贾宝玉不喜欢荷叶，放弃自己对"留得残荷听雨声"的情有独钟。人生短短几十年，不随波逐流、方能过舒服自己的人生。余生，随心随性，活得从容。

跟着宝钗学做事，行事有准则，做事有分寸。人生最大的清醒，就是做事审时度势，有所取舍。明确自己的位置，做适合自己身份的事情。做事拎不起，患得患失时间久了，就成为"狂人"。"自己想吃人，又怕被别人吃，都用疑心极深的眼光，面面相觑……"毕竟，人生路上，我们会遇到难以预料的事，会遇见形形色色的人。

鲁迅先生在《野草·题辞》中说过："纠缠如毒蛇，执着如怨鬼。"怀念过去，希望未来，更要珍视当下。要立地成佛，必须放低姿态；要立地行事，必须放下佛经。即便艰难，也还要做。

生固欣然，死亦无憾

——《菜根谭》里品人生百味

《菜根谭》这本处世奇书已在我的书架闲置一年有余。

买书时，一大串的名句在脑海里浮浮沉沉："宠辱不惊，闲看庭前花开花落；去留无意，漫随天外云卷云舒。""风来疏竹，风过而竹不留声；雁渡寒潭，雁去而潭不留影。""伏久者飞必高，开先者谢独早。"……这也不算是心血来潮了。但买来后，却常因定力不足，一次次拿起又一次次搁置。"心安茅屋稳，性定菜根香。"

这本书实在是一本不讨好读者的书，因为它要求你像苦行僧一样在清苦中历练。如果不能沉下心来、定下性来，这本书是很难读进去的。

最近，心浮气躁，感觉麻烦事刚解决一件，又来了一件。醒着疲于奔命，睡下又杂念丛生，难以消停。于是将这本搁置许久的《菜根谭》压在枕下，希望能镇一镇心魔。睡前醒后，有时随手翻两页，也不强迫自己深思咀嚼以自省雕琢，没想到，反而读完了多半本。

抛开情绪，置身事外，反而更走进了自己的内心。

虽没能顿悟，却也心生清明，倦怠半消。咬咬菜根，在书中寻一寻解决困惑的答案，在菜根悠远的苦涩中品一品人间的百种滋味。

第一重滋味："忙闲皆有味，卷舒自长啸。"

"天地寂然不动，而气机无息稍停；日月昼夜奔驰，而贞明万古不易。故君子闲时要有吃紧的心思，忙处要有悠闲的趣味。"

天地看似寂静不动，实则背后生生不息；日月昼夜交替，光明却万古不变；而人也要不断进步，不可停滞。所以，于闲暇时不要忘记充实生活，莫在闲暇中胡思乱想，消磨意志；于繁忙时也要记得放松心情，免得心生焦虑，顾此失彼。无事时常存应变之心，事多时不忘自我松绑，张弛有度，卷舒自如，才是最佳的生命状态。

第二重滋味：美好事物都是有门槛的。

"欲做精金美玉的人品，定从烈火中来；思立掀天揭地的事功，须向薄冰上履过。"

想要成就纯金美玉般的人品，必要经历烈火煅烧般的磨砺；想要建立轰轰烈烈的丰功伟绩，必要尝过如履薄冰的艰辛。世界上所有美好的事物都是有门槛的，成就和艰辛永远是捆绑在一起的。所以，人生的首要意义还是在于自我打磨，自我雕琢。自己变美好了，才能在不经意的转弯时遇见美好的一切。

"布衣暖，菜根香，诗书滋味长。"

菜根中有真味也。在菜根香的悠长余味中发掘自己的心性与力量，在读书中塑造更强大的自己。

每日与其忙忙碌碌，为名利而牺牲健康，丧失本性，不如静下心来做些真正喜欢的事，与其为了自己在他人心中的形象和地位费尽心思，心力交瘁，不如看淡身外之物，安贫乐道，寻找物我两忘的精神幸福。心一动，世间万物也跟着风生水起，纷纷攘攘；心一静，起起伏伏的人生瞬间就归于平静，尘埃落定。

让教育成为一件美好的事

　　听课多了，感受也颇多。每一种成功都有它的不平凡之处，但善养笃学之心，用责任之心培养学生，成就学生的美好未来，方能涵养博大的教育情怀。今天读了罗素的《教育与美好生活》，他对现代教育的希冀，着重体现在人格教育和智力教育。他认为，教育只是手段，教育的真正目的是培养理想的人格。而理想人格的培养，需要我们教师引导学生怀着爱心去观察生命的发展过程，感受生命的价值，培养他们求真求善的愿望。

　　至此，不由想起多年前听过的一堂课。那节课讲的是我国著名女作家杨绛先生写的一篇描写不为人们所关注的劳动人民的文章——《老王》。作者以其细腻的文笔，向我们展示了一位忠厚老实善良的不幸者形象，同时，也向我们表达了她对于老王的愧怍之情，唤起了读者对弱势群体的关注。清晰记得当时讲课的张艳老师那节课的教学过程。

1. 情境导入（课前准备阶段）

让学生观赏《让世界充满爱》Flash 片断，创设情境。

2. 引入课文，感知身边人物

教师说明：此环节是训练学生的发散性思维。出示修鞋匠、拾荒者、三轮车夫的图片。

导入：你们看到这些图片的时候，浮现在脑海里的第一个词语是什么？（板书：贫穷、辛酸、邋遢、朴素……）在我们的生活中，经常与他们相遇，你关注过他们吗？（学生简要地说说自己的经历与感受）今天，就让我们跟随作家杨绛去看一看发生在她和普通三轮车夫老王之间的故事。

3. 整体感知，走近文中人物

（1）读文本，谈谈自己对老王的印象，用两个词语来概括老王的一生。（提示：生活、为人两个方面）

（2）我们一家人是如何对待老王的？（此环节是考查学生对于文本的理解与概括能力）

①照顾老王的生意，坐他的车；②老王再客气，也付给他应得的报酬；③三轮车改装后关心老王的生活；④老王送来香油、鸡蛋，不能让他白送，也给了钱；⑤女儿也善良，送老王大瓶鱼肝油，治好他的夜盲症。

（3）作者是带着怎样的情感写下这篇文章的？找出表达作者情感的语句。"那是一个幸运的人对一个不幸者的愧怍。"（愧怍：惭愧）

（4）探究质疑，走近文中人物：如何理解"那是一个幸运的人对一个不幸者的愧怍"？学生谈自己的理解。

师：按照教科书的理解，杨绛先生回想起来，与老王相比，觉得自己对老王的关爱还很不够，所以感到"愧怍"。我不这样理解。我和丈夫总是去买一个人的菜，那个人年龄比较大，菜种得不是太好，经常是天快黑时，菜还没有卖完。很多时候，我或丈夫就把菜都买下来，以便那个人早点回家。日子就这样继续着。有一天，我的车出了问题，上班正好经过那个菜市场，看见那个卖菜的，我就让他帮忙看看车下是否有东西。他爽快地急忙钻到车下，很长时间才弄出卡在车下的东西。离开时我留下 20 元钱作为报酬。没想到第二天当我从菜市场经过时，很远就看见那个人在朝我的方向张望，等我的车开近，他把 20 元钱丢进我的车里，很生气地说"您这是干么！"便离开了。我当时的感觉就是"愧怍"。我想杨绛先生的愧怍就在于此，"不幸者也渴望关爱帮助过自己的人，关注那人的命运，让那人也过上好日子，帮助改善那人的处境"。多年后回忆，是她辜负了老王的真诚，她愧怍，是她剥夺了老王对她、对他们全家关爱与照顾的权利。

张老师课讲到这里时，感情很真挚，学生的掌声响了起来。

那节课也许会影响学生一生，通过那节课他们知道了什么是真正的关爱与尊重。下课后我曾和张老师交流，她说文章她读了很多遍，最后读出了自己的感悟。教师上课不是每一次课都会成功，但是每一次认真努力，都会为学生的成长埋下幸运的伏笔。正如罗素所言，对学生进行抽象的道德教育是一种愚蠢的做法，只会浪费时间，所有的教诲都必须是具体的。只有恰当的教育，才可以使人合乎本性地生活，变成有德行的人。

今天，我们的教育太卷了，家长、老师和学生孜孜以求的东西，距离教育的初衷渐行渐远。如何让教育回归本质，让它真正成为每个人的人生之路上幸福、美好的经历，恐怕我们还要走很长的路，用更多的真情去投入。

花看半开　酒饮微醺

——再读《击壤歌》

"日出而作，日入而息，凿井而饮，耕田而食，帝力于我何有哉！"再读《击壤歌》。作者佚名，亦称无名氏，是指身份不明或者尚未了解姓名的人。整首歌谣风格质朴，歌者无忧无虑的生活状态，怡然自得的神情，表现得自然真切。不知为何，这首先民的田野牧歌深深打动了我。

今天周末，不知是否过得就是"日出而作，日落而息"的生活，早晨自然醒来，什么都不做，径直坐到桌前看书，一段一段，随时可以拿起，也随时可以放下，不必讲究章法连贯，一直看到想停止。然后踅摸点东西吃，没有时间观念，没有任何限制。像《老子》第八十章中描绘得一样，"甘其食，美其服，安其居，乐其俗。邻国相望，鸡犬之声相闻，民至老死，不相往来"。饭随意吃，衣服随意穿，在家里随意走动，整个世界就是自己的，虽然可以清晰地听到楼下人们相互说话的声音。

中午蒸了白菜粉条木耳馅的包子，不是素食主义者，而是这几天下雪，天冷路滑实在不想出门，家里仅有的菜也只是白菜粉条。面发得特别松软，包子出锅的一瞬间，有发朋友圈的冲动，忽然想起一个朋友的告诫：做了饭不要再发朋友圈。他给我说他家里生活质量的优越，吃的猪肉，猪是散养的；羊肉是外地特意发来的；面粉也是特别磨制的；等等。朋友是个智慧的人，我知道，他是怕我的朋友圈发出去被别人嘲笑了：你自以为的幸福，只是别人看不上的日常。

饭后不再午休，因为不缺觉。近日迷上了电视剧《平凡的荣耀》，最迷恋剧中人物金辰资本经理吴恪之，他不善言巧辩，可以说是一个寡言的人，他做事有自己的坚守与底线。看完电视剧，很有感慨：慎言寡尤，慎行寡悔，人与人相交，更重要的是理解和思考。曾经希望做一个眼里有光，对生命充满热情，努力打拼未来的人，这么多年也风风火火地一路努力不敢懈怠。时至今日，却时感力不从心。前几天和一同事聊天，她是一个性情温和、读书肯思考的人，她说愈是成长，看清人性，愈是胆小，不知道怎样做事了。是啊，无知者无畏。

互联网的时代，信息的获取变得轻易，人们的需求也变得更为快捷和实际。面临更多的选择，更需要情绪稳定、寡言慎行；更需要《击壤歌》中描述的那种怡然自得。当一个人情绪稳定、内心平和时就能拨开迷雾，穿越风雨，过最适合自己人生。前几天读一篇文章，作者提到她自己的两件事儿。早年间，某日她疲劳晚归发现打不开锁，当即焦躁不已，先是给外地的男友诉苦，引发了争吵，又向远在家乡的父母抱怨哭诉。然后打电话喊醒了同在一城市的爷爷和叔叔一家，等叔叔老远赶来，帮着撬开门时，已经是后半夜了。20年后，当她近22点钟到家时，再次发现打不开门锁，不禁想起那个人仰马翻的晚上。她做了几个深呼吸，想到第二天还有工作，权衡了几个方案后就在附近找了家酒店，并预约了次日开锁服务。这回，她只用了不到半个小时，当晚还休息得很好。文章告诉我们，任何时候，都不应该使一切行动受制于自己的情绪，而应反过来控制情绪。

稳得住自己的心神，懂得"口之所欲，不可随；心之所欲，不可恣"的道理，管控自己的情绪，过怡然自得的生活。凡事有交代，件件有着落，事事有回音。做个内心强大的人，有清醒的头脑，经受得起坚守的考验与磋磨。成长的过程就是一个经历孤独的过程，来日并不方长，不懈的努力只为遇见更好的自己。

今日读《击壤歌》，心思也恍惚起来，非常怀念记忆里逐渐模糊的儿时农舍。那时，每天太阳升起，邻里乡间炊烟袅袅，金色的阳光照亮大片绿得发光的庄稼，玉米、高粱在微风里摇曳。黄昏时分，倚靠在大门口等待着父母在西边落日的余晖中回家。最怀念不用去田间做农活的时光，搬把凳子，在屋檐下看庭院的树影，看鸟雀在树影间跳跃，五颜六色的太阳花招引来很多蜜蜂……似梦非梦，如在眼前。

"过载者沉其舟，欲胜者杀其生"这句话出自《抱朴子·外篇·安贫》，是说船装载过重会沉没，人欲望太高会损伤生命。余生不长，在无尽的追求中，凡事不能过分，不取悦于谁，不折腾，知敬畏。"浅见之人，偶知一事，便言已足"，不因为一时的明了故步自封，停下脚步；要时刻保持一颗谦逊、求学的心，不断前行。累了，倦了，无力了，便"日出而作，日落而息"，泡茶、蒸包子……在平凡的日子里，不断前行，过好自己不平凡的余生。

走正确的路，把路走正确

——读《传习录》有感

　　《传习录》的书名出自《论语》的"吾日三省吾身：为人谋而不忠乎？与朋友交而不信乎？传不习乎？"这是王阳明的弟子们记载老师的语录和书信而编出的一部书，有人把它称为心理学阵营里的一部《论语》。王阳明是一个偶像一般的存在，一生充满传奇，活得光辉灿然。《左传》讲人有立德、立功、立言"三不朽"，王阳明三样都占全了。

　　王阳明并非是一个现实生活中处处碰壁，死后才被人无限追捧的圣人，他在当时的朝代就是一个功勋卓著的成功人士。读《传习录》是站在明朝人的学术土壤上修正自己的人生之路。

　　我们如何才能走一条正确的路？

　　外在的标准答案太多。孔子的答案：仁者爱人；老庄的答案：任我逍遥；释迦牟尼的答案：普度众生；东汉光武帝刘秀未发迹时的答案：娶妻当娶阴丽华（当时大美女），做官当做执金吾（皇家卫队长）；东晋权臣桓温的答案：不能流芳百世，也要遗臭万年。

还有更多的答案让人眼花缭乱……

这些确定的路是别人走过的路，王阳明说，人都有良知，而良知告诉我们走人生正确的路：顺着他人的心去用心，不仅关怀别人的身体，更关怀别人的心理，做人做事，不做违背别人意志的事情。

治理国家要走这样的路。

西周初期，周公把姜太公封到齐地为诸侯，把周公的儿子伯禽封到鲁地为诸侯。姜太公五个月后就来报告政情。周公问："怎么这么快？"

姜太公答："我简化了政府的组织，礼节都随着当地的风俗。"

三年后，伯禽风尘仆仆地来报告政情。

周公问："怎么如此慢？"

伯禽回答："我改变他们的风俗，革新他们的礼节，这是个大工程。"

周公说："如此看来，后代各国必将臣服于齐啊！""处理政事要简易，平易近人的执政者，人民一定归顺他。"

"人之所好好之，人之所恶恶之"说的就是这个道理。

教育学生也应该走这样的路。

教师真地爱学生，就会给他自由，身体上的精神上的。每个人的天性都崇尚自由，作为教师不能以绝对权力按照自己的意志来教化、启蒙、改造学生，要激发他们心中的良知。只有让学生具备了独立意志和自由精神，他们才能做自己想做的，只有做自己想做的事，才能提高效率，进而提高幸福指数。

学生只有有了自由精神，才能独立思考，不转折、不转念，以最快的速度抵达目的地。教师有深爱之心，就会有和气；有和气，必有愉色；有愉色，必有婉容。教师有深爱之心就会宽容学生的过失，就会激励他们成长。

在各自不同的人生道路上，大家各自努力。起点不同，路线各异，但每个人心中对梦想的渴望和追求是相似的。人都是有欲望的动物，若想成事，必须满足别人的欲望，只有顺着别人的意念做事，事情才会成功。

良知告诉我们的路，就是正确的路，不管是光明大道还是通幽曲径。如果要给这条路取一个名字，那就是：心安。走一条正确的路，很重要。它影响一个人的幸福感，只有路走正确了，才能心安。王阳明说，心不安，理就无法获得，不符合天理，这条路就是一条死路。王阳明平生讲学，就是"致良知"三字，致良知就是走一条正确的路，做个快乐的人，而常快乐便是功夫。

各自随意，方是"亲"

——再读《知行合一王阳明》

曾经把武志红的这句话抄在了高三师生交流本的首页："生命是为了更好地成为自己，而不是成为更好的自己，因为，你自己本身，就是最好的。"最初我把这句话当成是实现自我接纳的福音与救赎，"更好地成为自己"在一定程度上帮助我战胜了自卑、封闭、焦虑和自我攻击。我也真心地希望学生在高三的紧张与枯燥中找到真正的自己。暑假再读了阴山先生所著的《知行合一王阳明》，我对这句话有了更深的认识。

度阴山先生在著作的开篇解析了"亲民"和"新民"的区别，初读时我就突然联想到了武志红的这句话。朱熹的新民存改造之意，想要改变别人虽不是不能实现的事，但其艰难程度也几乎类似于西西弗斯往山上推巨石。通过对别人或自己的改造实现成为更好的自己的目标，这不正是弃旧图新、去恶从善的"新民主主义"吗？而阳明先生的"亲民"却立足在顺应上，"民之所好好之，民之所恶恶之"，顺应人的本心修炼自己，更容易涵养我们独立的意志与自由的精神。有了这两种精神，人才能独立思考，"不转折，不转念"，一往直前，从而更好地成为自己。

细想的确如此，面对自我时我们常常遗憾没法按自己的意志好好精彩地活过，这份遗憾最根本的原因是我们总是感觉生命中的许多选择是别人的意志。如果生命中的选择都是我们主动参与的，是我们自己选择的结果，那么不管生命的体验是快乐还是忧伤，我们都能自在地接纳。亲民之"亲"就是要顺应真实的体验，使你成为你自己。所有的生命经历都按照自己的意愿来，充分展开自己的生命，多么美好！不再内耗自己的生命，更好地成为自己，不远比如何成为更好的自己更值得我们去追寻和探索吗？

反思我们作为父母或老师，常常是强迫孩子做"新民"的。我们时常谆谆教导，语重心长地自我陶醉于改造孩子的所有缺陷，殊不知人生本来就不是完美的，终其一生我们都将把接受自己的不完美当成人生的主要课题。与其将自己的生命价值捆绑在孩子身上，不如鼓励孩子尊重自己的感觉与体验，"亲"近生命的本质，成为真正的自己。事实也为我们证明了，当你投入真我，奉献热爱时，世界的大门都将为你展开！

亲民之"亲"，是亲近真实的自我，亲近生命的本质。无论是对人、对事、对己，存亲民之"亲"，依良知做事，我们都将会以最快的速度抵达目的地，或者也可以成为阳明先生文中无所不能的圣人吧。愿我们都能有一个自己说了算的人生！

初读是孤独，再读是人生

——教读《百年孤独》

选择性必修上册第三单元收入了四部外国小说的节选，需要我们联系相关的历史文化背景，体察小说展现的千姿百态的社会生活，感受人类文化的丰富多彩。《百年孤独》是其中之一，这部作品令人"耳熟"却不"能详"。"耳熟"是因为作者马尔克斯凭借它获 1982 年诺贝尔文学奖；不"能详"是因为它的魔幻与繁杂。

《百年孤独》出版于 1967 年，书中讲述了布恩迪亚家族七代人的故事。第一代的何塞·阿尔卡蒂奥·布恩迪亚在与表妹结婚后，带领朋友一起开拓了新村庄"马孔多"，并生下两个儿子，一个女儿，大儿子叫阿尔卡蒂奥，小儿子叫奥雷利亚诺。后来随着村庄的稳定发展，重复命名成了一种传统，这两个儿子的名字被后代不断继承使用，这就导致布恩迪亚家族七代男性几十个人共用着这么两个名字。这个家族在百年奋斗中，经历过饥饿与富足，动荡与稳定，兴盛与衰败。故事即将结束时，第五代和第六代的最后两位成员因爱乱伦，生下了长着猪尾巴的七代继承人，而七代继承人在襁褓之中就被蚂蚁吃掉了。这是唯一还活在世上的六代奥雷利亚诺从羊皮卷中破译出了布恩迪亚的家族命运，纸上赫然写着"家族的第一个人被捆在树上，最后一个人正被蚂蚁吃掉"。奥雷利亚诺知道随着自己的老去，这个没有出路的家族，将从地球上彻底消失，他们的故事永远不会再重复。作者马尔克斯为什么要写下如此荒诞的一段家族史？我们可以大胆地分析一下。

《百年孤独》中的孤独有三种：第一种是个体的孤独；第二种是历史的孤独；第三种是全人类的孤独。

第一种个体的孤独要从重复命名说起，作品中的第一代女主人曾断言，所有继承先辈姓名的人，一定会迎接相同的命运，所以这个家族的悲剧代代循环，不可更改。但极易混淆的人物关系让读者很难观照到每一代具体人物的故事。比如我问你是谁用火车为马孔多带来了发电机，大家脑子里估计都是三个问号。在家族命运面前，个体被掩盖了，但其实姓名的重复不是机械地复制，而是一种新力量的复活。每一代的阿尔卡蒂奥和奥雷利亚诺都没有重复上一代的生活轨迹，在七代男性中有土地的开拓者、军人、商人、投机者、工人等身份，这种复活就是个体的孤独，因为他们都在探索一条没人走过的路。但这种复活也是悲剧命运最核心的悲剧，那就是：我极力挣扎向四面八方进军，但马孔多没有一条可以走通的新路，一切都是徒劳的进取。

第二种孤独是历史的孤独。马尔克斯出生于哥伦比亚，亲眼见证了拉丁美洲的苦难。他说读者所认为的魔幻，在拉丁美洲都是现实生活的一部分，马孔多的历史就是拉丁美洲的历史。这片大陆的孤独源于它的富足，1971年，乌拉圭作者爱德华多·加拉亚诺出版了一本《拉丁美洲被切开的血管》，这本书不仅讲述了拉丁美洲的过去，也剥开了西方文明的伪装。拉丁美洲是世界上自然条件最优越的大陆之一，但同样是人民最穷困的大陆之一。1492年，哥伦布首次踏上巴哈马海滩，带来了工艺、枪炮和疾病，导致美洲文明一夜衰落，当地土著近一半死于屠杀和传染病，剩下的则被卖往欧洲或驱赶至还未开发的地区。随后，西方强盗在这片新大陆上开展了三次毁灭性掠夺，第一次是金银掠夺，殖民者炸开金山挖空银矿，把美洲的财富送进贵族的腰包，这些财富又通过商品进出口，养育了欧洲的资本主义，在贵金属挖掘中，美洲文明程度最高的几个城市惨遭洗劫，只留下空山、废墟和百万印第安人的尸体。这些写满美洲辉煌历史的城市，在灾难之后沦为最贫穷、最落后、饥饿死亡人数最多的地区。之后"白色金子"甘蔗的成功种植，又给这片土地带来第二次毁灭性打击。种植园经济兴起后，非洲的奴隶进入美洲，殖民者占用大量地皮种植香蕉、棉花、可可等备受欧洲青睐的商品，迫使美洲成为了单一原料产地。土地的过度使用和粮食用地的不足，再度加剧了美洲的贫穷，等英国开启自由贸易后，美洲为换取粮食和商品，只能进一步依赖单一种植经济，被畸形的经济路线牢牢捆绑，丧失发展民族工业的机会。这也造成了继金银掠夺和土地掠夺后的第三次掠夺——经济掠夺，全民单一种植导致美洲工业落后，在商品和各类日用品上都需要依赖进口，他们用一块钱卖出种植原料，再用十块钱购回加工品，进出口的价格差距，让美洲无力填补巨大的贸易窟窿，在国际金融组织的支配下，各国资本随意入侵，这导致美洲的民族工业和政治经济稍有变动，就立马被各方势力打回原形。当然，除了外部原因，美洲的土地分配、制度、贫富差距也给这片大陆的发展增添了阻碍。读完他们的历史，我最大的感受就是绝望——拉丁美洲没有出路也没有未来，这片新大陆割开的血管，一直滋养着西方资本主义，在利益驱动下，白人永远不会让他们的伤口愈合。

当我们了解了美洲的历史，再把目光收回马尔克斯的《百年孤独》，就会发现，《血管》这本书其实为《百年孤独》中的众多荒诞现象加上了注脚。比如布恩迪亚家族的养女丽贝卡，从小就有吃土的恶习，很多读者觉得这种行为非常荒唐，是一种魔幻写法，但《血管》中却记录了巴西儿童真实的吃土故事。吃土一方面是因为食物缺乏，另一方面是因为贫穷家庭的单一饮食中缺少矿盐，只能通过泥土补充。值得一提的是，这种窘境下的不得已，经过西方渲染，成了他们口中劣等民族的天生恶习，除了吃土，丽贝卡还为马孔多带来了会传染人的失眠症，失眠症的后期症状是遗忘。拉丁美洲历史让人非常痛心的一点就是人民的善忘，他们不仅忘了阿兹特克帝国，忘了三大文明，还忘记了殖民者的残忍掠夺，甚至选择主动打开大门依附对方。这种遗忘，一部分是因为无知，另一部分是因为少数掌握财富的人别有用心。除了丽贝卡的隐喻，布恩迪亚家族的乱伦和羊皮卷上的预言，也可以从历史方向去解释。这个家族起于乱伦，同样结束于乱伦，家族的短暂兴盛，像是早产的畸形儿，注定无法长大，而拉丁美洲的内部发展同样是畸形的。这里有最丰富的资源和最贫穷的人民，资本主义、封建主义、奴隶制三个不同历史阶段的产物，同时存在于一片大陆上，畸形孕育畸形，所谓的发展不过是恶性循环，而羊皮卷上说的布恩迪亚家族的第一个人被捆在树上，最后一个将被蚂蚁吃掉，正是造成拉丁美洲畸形的原因，过去西班牙的登陆捆住了美洲人探索发展工业的手脚，今天的资本入侵啃咬着美洲的血肉。布恩迪亚家族的出路在哪里？美洲的出路在哪里？马孔多今天还在下雨，但在此吃饱喝足的外乡人，并不会记得下雨的原因。提起马孔多，他们记忆模糊，但他们说："那是一个贫穷落后的地方。"

《百年孤独》中的第三种孤独是全人类的孤独，也就是人的理性与荒诞世界的矛盾。我曾看过一本书，叫《西西弗神话》，西西弗斯式的命运，就是人永远无法摆脱的孤独，我们注定要终生思考的哲学问题只有一个，那就是如果人生没有意义，我还应该继续活着吗？

《百年孤独》用一个家族的命运，在告诉世人："孤独才是人生的常态。在变老的路上，与其抗拒孤独，不如学会享受孤独；学会和自己相处，学会和内心相处，或许才能回归生命真正的意义。"

遵循人的天性，方是做教育

——读《道德经》有感

　　"天命之谓性，率性之谓道，修道之谓教。"《中庸》的这三句话让人深思。天所赋予人的东西就是性，遵循天性就是道，遵循道来修养自身就是教。

　　王阳明心学的基石——人人心中皆有个天理在。心即理。每个人的心中都有孝、忠、信、仁这些天理。做教育就是要顺应人的天性，把人的天性挖掘出来。生之所好好之，生之所恶恶之，此为"致良知"。顺着学生的心用心，不仅关怀他们的身体，更关怀他们的心理。不违背学生的意志，使他们有一定的独立精神。人只有具备了独立意志和自由精神，才能做自己想做的，只有做自己想做的，才能提高学习和生活中的效率，进而提高人生效率。也只有当人拥有了自由精神之后，才能、才敢独立思考，不转折，不转念，以一条直线前进，以最快的速度抵达目的地。

　　老子的《道德经》第十七章说："太上，不知有之；其次，亲而誉之；其次，畏之；其下，侮之。信不足焉，有不信焉。"意思是说，最好的统治者，人民并不只知道他的存在；其次的统治者，人民亲近他并且称赞他；再次的统治者，人民畏惧他；更次的统治者，人民藐视他。统治者的诚信不足以服众，人们就不信任他。

我们做教育同此理。一等教师走进学生心里，是学生锤炼品格的引路人，学习知识的引路人，创新思维的引路人。二等教师关心学生的冷暖，学生亲近他并愿意和他交朋友。三等教师让学生害怕，敬而远之。最失败的教师得不到学生的尊重与认可。

古时候教师的地位是很高的。我国最早的学校起于西周，那时的老师被称为"司徒"等，当时并不是针对职业而言的，他们主要是为官府选拔优秀人才兼教学，地位自然很高。中国的老百姓自古到今都觉得，只有当了官才是最成功的人生，也唯有当了官才是最光祖耀祖的事。官本位思想让中国的老百姓对古代的老师倍加尊重。

而今，教师成为了一个职业，教师的威信和地位来自于学生的衷心爱戴和信服，来自于教师一如既往地对学生严格要求，来自于教师的知识渊博、言出必行、以身作则、宽严相济。作家毕淑敏曾写过一篇文章《谁是你的重要他人》，她在文章中讲述了自己上小学时的一段亲身经历：音乐老师发现她唱歌跑调，把她从合唱团除名了，后来，由于合唱团的人数太少又把她招回来，却让她只张嘴不真唱。结果是多年来她一直不敢开口唱歌，音乐之于她就是一个噩梦。后来，身为心理医生的毕淑敏终于找到了解决办法，但是她已经过了不惑之年。

想起这篇文章，是觉得如果作为教师，有幸成为学生心中的"重要他人"，应该是学生心中那束最温暖的阳光。所谓"经师易得，人师难求"，为师要意识到自己的一言一行会对学生产生重要的影响，要对学生给予积极的鼓励和暗示，要经常检视自己的教育观和教育行为，坚持写教育教学反思。

每个人的天性都喜爱自由，真爱学生，就要给他自由，身体上的和精神上的。告诉他做人的道理，做事的利害，给他选择的自由。新高考改革中的"六选三"恰恰是给学生选择的自由。我们老师要做的只是做好指导和引领，传道、授业、解惑而已。

成功的教育应该是春风化雨，学生亲之信之，是一棵树摇动另一棵树，一朵云推动另一朵云，一个灵魂唤醒另外一个灵魂。真正的教育应该是构建一个激发活力，昂扬奋进的生命场域，让在这里的所有人共享生命成长。

世界文明史上有一个奇迹：犹太民族失去祖国一千八百年，流散世界十万八千里，而民族犹存。事实上，几千年来被征服的小国不可胜数，而且只要国破家亡人员流散，就不可能作为一个民族存在，唯独犹太人。甚至有人说，犹太人即使再流亡一千八百年，也依然会作为一个伟大的民族而自立于世界之林。这又是为什么呢？只因为宗教，犹太人是历史上最早建立信仰的族群。只要坚信唯一的神和先知的教诲，恪守教规，严守禁忌，那么，无论他身处何地，也无论贵贱贫富，他就是犹太人。

人有了信仰，就有希望。心守一抹阳光，且敬来日方长。

作为教师纵使千辛万苦，只要心存善念，恪守教师职业道德，提升格局，就会在不声不响的岁月里让学生遇见更好的自己，未来才会携美好前行。

　　谦谦君子，正如温润之玉，光华敛于内，清辉藏于身，给人以温暖和力量。告诫自己，作为教师，遵循人的天性做教育，行到水穷处，坐看云起时，要学会在学生的心里种下爱的种子，爱在心中，方可温暖前行。

学会和自己相处

——读《苏东坡传》有感

读《百年孤独》，明白马尔克斯是要告诉世人："孤独才是人生的常态。在变老的路上，与其抵抗孤独，不如学会孤独；学会和自己相处，学会和内心相处，或许才能回归生命真正的意义。"把这句话写下来，是想告诉自己，要学会和自己相处。为此，也再次读《苏东坡传》。

苏东坡一生载歌载舞，深得其乐，他感受敏锐，思想透彻，忧患来临，一笑置之。他并不精于自谋，对人温和友善，对己亦无损害，他眼前见天下无一不是好人。他过得快乐，无所畏惧，享受人生的每一时刻，像一阵清风，孤独安静又自由。

元丰二年，苏东坡因为作诗讽刺新法，以"文字毁谤君相"的罪名被捕下狱，史称"乌台诗案"。出狱以后，苏东坡被降职为黄州团练副使。这个职位相当低微，于是公余苏东坡便带领家人开垦了城东的一块坡地，以帮衬生计，"东坡居士"的别号便是他在这时起的。死里逃生的苏东坡开始思考人生的意义，他说他的生命犹如爬在旋转中的磨盘上的蝼蚁，又如旋风中的羽毛。他开始沉思自己的个性，考虑如何才能得到心灵的真正安宁。

在黄州，苏东坡成了农夫，真正开始务农。他决心要为自己建一个舒适的家，他筑水坝，建鱼池，从邻居处移树苗，从老家四川省托人找菜种种上。他看着稻茎立得挺直，在微风中摇曳，或是望着沾满露滴的茎在月光之下闪动，如串串的明珠，他感到得意而满足。苏东坡的邻人和朋友是潘酒监、郭药师、庞大夫、农夫古某，黄州太守徐大受、武昌太守朱寿昌也是对苏轼佩服得五体投地的人。四川眉州东坡的同乡、一个清贫的书生，特意来做东坡孩子的塾师。东坡的内兄在东坡来到黄州的第一年，曾来此和他们居住了一段日子，后几年，子由的几个女婿曾轮流来此探望。那时的苏东坡又吸引了一些古怪的人物，其中两个是道士，不但深信道教，而且闲云野鹤般四海遨游。一位127岁的道长成了苏家的常客，来黄州的第三年，诗僧参寥去看苏东坡，在苏家住了一年光景。

苏东坡自己善于做菜，也乐意自己做菜吃，黄州的猪肉极贱，他研究炖猪肉的方法。他做鱼的方法是今日中国人所熟知的。他先选一条鲤鱼，用冷水洗，擦上点盐，里面塞上白菜心。然后放在煎锅里，放几根小葱白，不用翻动，一直煎，半熟时，放几片生姜，再浇上一点儿咸萝卜汁和一点酒。快要好时，放上几片橘子皮，趁热端到桌上。他又发明了一种青菜汤，就叫作东坡汤。

在这种农村的氛围里，苏东坡尽享田园诗人的乐事，他把

《归去来兮辞》里的句子重组，照民歌唱出，教给农夫唱，自己也手拿一根小棍，在牛角上打拍子，和农夫一起唱。

　　苏东坡很容易接受哲学达观的安慰。在雪堂的墙上门上，他写了三十二个字给自己昼夜看。"失去人间美好东西的人才有福气！"苏东坡能够到处快乐满足，就是因为他持有这种幽默的看法。后来他被贬到中国本土之外的琼崖海岛，当地无医无药，他告诉朋友说："每年京师无数人丧生于医师之手，予颇自庆幸。"

　　苏东坡在黄州衣食自足，他便心满意足；他劳而有获，便心中欢喜。所以，人不管何处，不管何时，只要精神富足，便是幸福。苏东坡被贬黄州，在农舍雪堂和城中临皋亭两处住，每天两处往返，那不过是不到1/3里的一段脏泥路，却大概变成文学史上最出名的一条路。黄州解脱自由的生活，引起苏东坡精神上的变化，苛刻、尖锐以及紧张与愤怒全已消失，代之的则是一种光辉温暖、亲切宽和的诙谐，醇甜而成熟，透彻而深入。

　　1094年，57岁的苏东坡被贬到蛮荒之地岭南，他坦然接受命运的安排，到了之后他买了一些上好的檀香，在家中点燃静坐，细思往日对错，窗外凉风袭来，乌鸦把酣睡的他唤醒，忽然他觉得自己是无官一身轻。他告诉朋友，自己依然乐知天命。惠州市井寥落，苏东坡的日子过得贫穷，买不来羊肉就买羊脊骨，他发明了烤羊脊骨。"熟煮热漉出，……渍酒中，点薄盐炙微燋食之。"他喜欢喝酒，因此四处打听了桂酒的酿造之法，刻在石头上，藏在罗浮桥下，等有缘人来寻。他自己酿酒，有次一边滤酒一边喝，直到醉得不省人事。他还曾试着酿橘子酒和松酒。他甚至都打算在惠州安家了，在一个小坡上盖房子，房子盖得很精细，种了许多果子树。他写了两行诗，写他在春风中午睡，屋后寺院的钟声从远处传来，一片静美舒适。

有人说苏东坡一生只做自己，不做人。做人要论得失，因为做人要考虑怎么相处。有人说，中年之后一定要学点哲学，因为哲学的用处也许就是能使人自我嘲笑。不管在什么情况之下，能过得幸福就是一种能力。道法自然，人要学会过一种孤独安静而自由的生活。

不要害怕死亡，能做的事情是好好地爱惜自己的生命，很多事情该来的自然会来，包括疾病、意外与死亡。我们只管享受其中的过程，与自己和解。爱惜生命就从好好吃饭开始，认真地做饭，慢慢地吃饭，把节奏放慢。先是自己的身体出现问题，现在是父亲，老人要靠透析维持生命。身体出了问题，一切便无从谈起。劝病人说感同身受，其实，只有自己亲身体验以后，才能深刻体味对死亡的恐惧，才会对人情看淡与看重。看淡，是因为除了生死一切都不是事情；看重，是因为人生苦短，失去便再也难见。父亲的焦虑与急躁，让我明白，对他要有婉容，必须！

每天画个淡妆，修饰好自己的妆容，既是对生命的敬畏与眷恋，也是对生活的珍视与期盼。配得上美好生活的是美好的心情，只为愉悦自己。没有美丽的容颜，就从每天好好洗脸开始，然后穿一身干净得体的衣服，让自己从从容容地去做自己喜欢的工作。

坚持运动，锻炼身体，每天操场运动一小时，保持好自己的体型，只为悦己，活出最好的自己。一个女人的自律就从管理自己的身体开始吧，毕竟管理身体比管理情绪简单得多。人不管活到多大年龄，走到什么境界，都应该学会用柔软的眼光看世界，用温暖的心去生活。

苏东坡曾说："宁可食无肉，不可居无竹。"想来定然是爱竹成痴，宁舍口腹之于欲，也要一株翠绿来养身养心。做人如竹，长路漫漫，唯有向下扎根，暂且忍耐，方能向上生长。有些人，只需去深爱，不要有期待。有些事，只需去努力，不要执着于结果。等待的过程很难熬，但等待的意义是一场华丽的蜕变，是一次自我的超脱，是为了和美好不期而遇。人情世故里摔了跟头，凉了心，放下了，面对的就将会是命运的另一种成全。成年人的平和，一半是理解，一半是算了，理解了他人的不容易，也就算了。人生在世，把心修顺了，一切就是圆满。错过了是遗憾，失去了是遗憾，也许，错过了的是一场劫难。

人活着，还是要信点什么。

读《玩偶之家》，思百变人生

1879 年，话剧《玩偶之家》在哥本哈根首演，距今已经有 150 年的历史了，而易卜生所探究的人类的精神生活和他笔下关于社会、婚姻、人性的种种问题的探索，至今依然有鲜明的社会意义。易卜生笔下人物的困惑，人物之间的矛盾和痛苦，在当今依然存在。如果《玩偶之家》的角色活在今天，会是怎样的呢？或许就是生活中的你我。

海尔茂熬过了无数个 996 终于坐上银行经理的职位时，发出"自己总算要带领家人摆脱苦日子了"的呐喊；娜拉此时感慨自己是个幸运的人，婚前有父亲的庇护，婚后有丈夫的呵护，她觉得丈夫就是自己的大树，自己就是树上的小鸟。这看上去，是多么幸福的一个家庭：男女分工、各司其职，男主外、女主内，共同经营着家这个重要的社会单位。

和海尔茂、娜拉夫妇相比，阮克医生的生活似乎缺少了点什么。阮克医生，单身未婚，现代"三高"（高学历、高收入、高海拔）的代表，有车有房，仪表也可，是别人眼中所谓的成功的代表。但是，那不过是他想让别人看到的罢了。他每天都在忙，忙着给人看病、做手术，救过很多人，可是却救不了自己，他自己的痛苦如果说出去怕会遭到别人的耻笑，还会严重影响到自己身边的朋友。所以，他经历了什么，自己知道，足矣；从不想要撕开自己，给别人添堵。金钱、地位、名誉，他都已经得到，唯独在感情上，最想要的，永远得不到。他甚至连表白的勇气都没有，只能默默地看着，默默地祝她幸福。

成年人的世界，哪有"容易"二字，那看似的光鲜，其实并不比他人容易。每个人都有自己的苦恼，每个人也都有自己逃不脱的责任。

克里斯蒂纳，是家中的长女，她是为了责任活着，为了家活着。当初，她有瘫痪在床的母亲，和两个没有成年的弟弟，也有一个心爱的人，但是条件不好，为了自己的家，最终嫁给了一个经济条件较好的男人。后来，母亲去世，两个弟弟成年，丈夫也去世了，她突然发现好像没有责任了，没有人再需要自己，没有人再需要她牵挂，她不清楚自己活着的意义是什么了。

一个辛苦的女人，可是细细想来，哪一种人生不是自己一次次选择后的结果呢。人的一生，陪伴自己最久的是我们自己，而最难看清的，恰恰也是我们自己。所以，只有对自己坦诚，才能收获最终的安心和幸福。

克洛克斯特，曾经做过不体面的事情，被别人称为卑鄙小人，无论他怎么努力都无法改变，没有人愿意再给他机会，也没有人愿意再相信他。后来，他做过小报记者，还放过高利贷，如果不是走投无路，也不至去做这些事情。他也曾经历美好，有过青春，有过理想，有过爱情，但是也被生活狠狠地教训了，自己心爱的人因为钱离开了他——只是因为钱！

我们总容易在不经意之间就给别人贴上这样、那样的标签，像这样的人，一旦被贴上坏人的标签，可能就很难甩掉了。他们如果想改过自新、重新做人，还会被给予机会吗？生活的奇妙就在于，你永远也不知道明天会发生些什么，那些看似暗淡的人生，说不定某一天就会迎来转机，而那些看似平静美满的婚姻，可能正暗潮涌动。

海尔茂抱怨娜拉："我每天在外面打拼这么辛苦，为的就是这个家！眼看日子好起来了，孩子们也都健健康康、开开心心的，她还有什么不满意？"

娜拉委屈道："我每天都在讨好他，取悦他，他什么时候能让我真正地开心？"

海尔茂答："我的工作压力很大，我每天累个半死，回到家里，我还要讨自己的太太开心吗？"

娜拉："压力大？那我呢？合着全职太太在家每天就是玩吗？我要干很多的事情，我要打扫家里，我要照顾丈夫、照顾孩子，我有很多的事情要做，我非常的辛苦，但是没有人看得见！""你能不能把我当成一个有思想的人一样看待?！也和我好好地聊聊天，认认真真地聊一聊！但是在咱们这个家里，每天就只是玩、玩、玩！"

海尔茂："家不就是应该让人开心的地方吗？"

　　娜拉："对。家对你来说，只是你生活的一部分，但是对于我来说，却是我生活的全部!"

　　婚姻可能就是一面多棱镜。男人看到的这一面，却是女人看到的另一面。当火星撞上地球，经营幸福又何谈容易?

　　所谓经典，就是跨越百年，仍与今日如此的相似。易卜生在一百多年前，就在作品中写出了你我今天的样子。都说戏剧是一面镜子，我们看别人的故事，映照我们自己的人生。易卜生的眼睛充满了敏锐，而心又充满了悲悯，他越过了所有男权女权、好人坏人的标签，也希望我们在落幕时分，能看到善背后的难得和恶背后的不易。

木铎金声

——《论语》浅析

　　教育家钱穆认为："《论语》自西汉以来，为中国识字人一部人人必读书。"孔子一生为人，即在悦于学而乐于教。古时的君子精妙、深奥、通达、高深，他们谦虚谨慎，如冬天涉水过河；他们心胸宽广，像高山深谷；他们达观疏脱，似冰凌消融。孔子品德高贵而阅历丰富，做人行事强调君子作风。在日常生活中，他强调礼乐要有遵循，交友要有选择，要结交贤德的、正直的和有见识的人，见利要思义。

　　《论语》是集合了孔子生平讲学和门下弟子言行的一本智慧语录，他所体现的先贤圣人思想，贴近普通人的现实生活，道出了人生真谛，需要我们"入乎其内，出乎其外"。今天，我们重新确定它的内涵，能使"一般陷于现代社会心理病态的人们求得解脱，建立卓然不拔的人生目标和精神"（南怀瑾语）。

　　《论语》离我们并不遥远，2500 多年的历史宝藏其实一直近在咫尺。"半部《论语》治天下"，薄薄一册书卷积淀了几千年厚重的文化底蕴与人生智慧。作为一线教师，对《论语》心向往之已久，我制定了《论语》读书计划，尝试每星期给学生选取其中一则，把他们培养成一个人格健全，有创新精神、实践能力，内心强大，思维深刻，具有文化底蕴的人。让学生做一个情感价值丰富具有民族精神的人。并写下自己的阅读感悟。鉴于此，和学生共读《论语》，在阅读时就按照经典回放、词语解释、译文对照、读书感悟四个方面依次进行。在阅读之前，首先带领学生了解《论语》及孔子其人。

走进《论语》及孔子其人（其一）

《易象》言："天行健，君子以自强不息。"此亦与孔子意相近。

《论语》作为中国文化代表，作为孔子思想的体现，早在秦汉时期就传入朝鲜和日本，日本《大宝令》还指定为日本学生的必修课。1594年，利玛窦在中国实地考察之后，《论语》先后被转译为拉丁、意、法、德、英、俄等多种文字，并向西方传达的结论是：孔子绝不逊于西方的哲学家。被誉为"法兰西思想之王""法兰西最优秀的诗人""欧洲的良心"的伏尔泰特地在自己的礼拜堂里挂上孔子的画像，朝夕膜拜二十年；还在《哲学词典》中说："在道德上，欧洲人应当成为中国人的徒弟"，"我们不能像中国人那样生活，真是太不幸！"十九世纪法国魁奈说："一部《论语》即可以打倒希腊七贤。"所言"希腊七贤"是指泰勒斯、梭伦、奇伦、毕阿斯、克莱俄布卢、庇塔库斯、佩里安德，他们都是伟大的哲学家、思想家。1988年，75位诺贝尔奖获得者在巴黎发表联合宣言，呼吁全世界："21 世纪人类要生存，就必须汲取两千年前孔子的智慧。"东亚许多国家也都建有孔庙用以祭奠这位东方文明的哲人。由此，孔子被列为世界古代十大思想家之首。凡此种种，充分体现了孔子及其儒学在世界范围内人类文明史上的深远影响。如今，外国人提到中国时，除了北京之外，最多的就是曲阜，就是孔子和儒学。

孔子儒学始终是以温柔敦厚的"仁"与激昂奋进的"义"两种方式表现在中国历史文化中的，其中积极的人生态度是两种方式的共通之处。思孟、公羊等学派经过"焚书坑儒"的涅槃之后，董仲舒提出"春秋大一统"和"罢黜百家，独尊儒术"，强调以儒家思想为国家的哲学根本，杜绝其他思想体系，汉武帝采纳了他的主张，从此儒学成为正统思想，研究四书五经的经学也成为了显学。魏晋演变成玄学，唐代渗透了道佛，发展到宋代，程朱理学取得了空前的官方统治地位，以至元明清的科举题目均出自朱熹理学。"五四"从反面取消了儒学的思想统治地位后，孔子儒学反倒以更本色传统文化面目回归并得以发展，成为官方和民间政治生活的道德行为准则，深入人心。新中国也经历了批林批孔、评法批儒的文化革命后，在改革开放中重新审视并吸纳儒学带给我们的精神滋养。

孔子的最伟大贡献在于，即使在政治上分崩离析文化上礼崩乐坏的时代，他仍立志重建秩序，从"仁""爱"的角度重塑道德价值体系，实现政治上"内圣外王"，文化上"克己复礼"的社会理想。他主张"仁远乎哉？我欲仁，斯仁至矣。"不是贵族才有高尚人格，普通人只要修身，也可达到一定的道德高度。"力不足者，中道而废。"高尚是一种积累，每个人都有，君子和小人的区别在于高尚积累的多少。这样使得每个人都有了"欲仁得仁"的愿望和信心。他采取了一种大度从容的保守心态——"述而不作"，因为他知道，世间可以有许许多多管仲晏子，但只有一个孔子，他的社会理想只承担于他一人之身。所以他对人生和生命有一种坚强的自信，像仪封人把他誉为"天之木铎"一样，他把民族文化的保存和继承作为自己天赋的使命。"天生德于予，桓魋其如予何？""文王既没，文不在兹乎？天之将丧斯文也，后死者不得与于斯文也；天之未丧斯文也，匡人其如予何？"这是人生最大的财富和最可倚仗的信念，何等的淡定！何等的气定神闲！孔子曾言"君子不器"，没有一个人是真地不加选择毫无发展地只接受旧思想，不过拿自己选择的精华文化作参照，规范自己的思想罢了。保守是一种保存坚守，保存坚守的是精华文化。所以，"述而不作"其实在发扬传统文化精神，让思想在著述中发展，这是最大的"作"。从这个意义上说，我们对于孔子儒学，也应该把它精华的地方汲取出来，这也是孔子在方法论上给我们的启迪。孔子儒学的保守还在于"知其不可而为之"的清醒认识，"不可"是残酷的现实，是民族的悲哀，因为历史曾拒绝过一个伟人，"而为之"则体现出这个民族更伟大的希望，使得民族有了一个可以朝拜敬奉的方向。所以，我们今天就不应该再拒绝这种伟大的精神和智慧。

任何伟大都不是单一的，孔子"知其不可而为之"的清醒认识还表现在对自己社会理想的责任感上，他必须让自己的社会理想薪尽火传，在呕心沥血之后，让自己的思想存活并发展。所以他努力整理和研究《诗》《书》《礼》《乐》《易》《春秋》六艺，遍招弟子，潜心教育，给后人留下了不朽的教育理论与实践的经典，被誉为"万世师表"。"有教无类"当时是一种先进的创造性的教育理念，打破了"君子"独享的受教育特权，为每个人提供了发展机会。入孝出悌、爱人亲仁，朽木不雕是受教育的资格条件，因材施教是造就"孔门十哲""七十二贤"的必要手段，"攻乎异端"是学习中应注意的问题，"知之为知之""三人行必有我师""学如不及，犹恐失之"是学习的态度，学思结合温故知新是学习的方式，身正而行、朝闻夕死、诲人不倦、是为师者的品格信念，寓教于乐、举一反三是教育中无尽的乐趣。几乎我们现在教育的种种问题，各个方面，从孔子那里总能得到方向性指导和方法论启迪。

孔子之所以被后世称作"圣人"，是因为他已成为中华民族文化文明的象征。一个人无从选择自己所生活的时代环境，但每个人都要选择自己生身立命的方式，和仁山智水融通，和思想智慧对接，会使人精神充盈，明智通达，坦荡而不改其乐。一个国家无论处于何种艰难困苦的关头，只要高扬"仁义礼智信"的大旗，忠恕为本，以德治国，廉洁奉公，勤政爱民，就能共创礼仪忠信国泰民安的和谐社会。

《论语》之人品修养篇
（其二）

人品修养永远是做人之本。人品是指一个人的品德修养。品德修养虽是一个比较虚的概念，但它在每个人的内心深处却是实实在在的东西。人际交往中，人们在潜意识中也是把一个人的人品修养放在第一位的，厚德方可载物。一个人在现实生活中只有具备好的人品修养，人们才会接近他，进而才会进一步来往。一个人欲成大事，必先有好的人品修养。若无好的人品修养，这个人永远不可能成功。即便偶有小成，那也是小人得志，德不配位，必有灾殃。修身养性乃做人的头等大事，不容忽视。树有根本，人亦有根本，人品即为根本。无本之木，必亡；无本之人，亦必亡。

孔子关于人品修养的论述，大部分是针对当时的士人和青年人成长的，尽管有些内容有其历史的局限，但整体而言，这些论述对于青年人人格的形成具有普遍的指导意义，因此几千年来深受国人重视，成为中华文化不可或缺的组成部分，使一代代人受益，至今对我们青年一代健康成长仍具有指导意义。

随着孔子思想不断走向国外，他的这方面的思想也更加为国际认可和接受，对全世界的青年人也起到影响作用。

孔子关于人品修养的论述在《论语》中篇幅最多，足见孔子对这一问题的重视。本卷中大部分言论是孔子对他的弟子讲的话或针对弟子讲的话，体现了孔子对道德品质修养的重视。

【经典回放1】子曰①："学而时习②之，不亦说（悦）乎？有朋自远方来，不亦乐③乎？人不知而不愠（yùn），不亦君子乎？"

【词语解析】①子曰：或说："子，对男人的美称，古代特指有道德学问的男人。"或说："古代五等爵位（公侯伯子男）的第四等。"春秋以后执政之卿也称子，其后匹夫为学者所宗也称子，如孔子、墨子。或说："孔子为鲁司寇，其门人称之曰子。"②时习：有三种说法。一指年岁：古人六岁始学识字，七八岁教以日常简单礼节，十岁教书写计算，十三岁教歌诗舞蹈。二指季节：古人春夏学诗乐弦歌，秋冬学书礼射猎。三指晨夕：温习、进修、游散、休息，依时为之。人之为学，当日复日，时复时，年复年，反复不已，老而无倦。③乐：悦在心，乐则见于外。仰慕我的人从远方来，教学相长，我道日广，故可乐也。

【译文对照】先生说："学能时时反复温习，我心不很觉欣喜吗？有志同道合的朋友从远方而来，我心里不更感快乐吗？别人不知道我，我心里不愤懑不舒畅，不是一位有修养的君子吗？"

【读书感悟】钱穆先生认为本篇是在论述学者的毕生经历，实际上是孔子毕生做学问的自述。学而时习，是起初做学问阶段，孔子立志于学，一心在此目标上勤耕不辍。有朋自远方来，则是在中年有所得之后。尤其是最后，学问求日日有所长进，至于别人是否能了解，实在是无可奈何的事。有修养的人，学问达到一定的境界，自己知道得越多，就越自信，别人了解与否自然就不重要了。

【经典回放2】有子①曰："其为人也孝弟②，而好犯上者，鲜矣③。不好犯上，而好作乱④者，未之有也。君子务本，本立而道生。孝弟也，其为仁之本与？"

【词语解析】①有子：孔子弟子，名若。②孝弟（tì）：善事父母曰孝，"弟"同"悌"，善事兄长曰弟。③好犯上者，鲜矣：犯，干犯。鲜，少。④作乱：乱，逆理反常的事。

【译文对照】有子说："一个懂'孝悌'的人，而会存心喜好犯上的，那必很少了。若一个人不喜好犯上，而好作乱，就更不会了。君子专力在事情的根本处，根本建立起来，道就由此而生了。'孝悌'是仁道的根本。"

【读书感悟】孔子研究学问最看重的在于"道"，所谓的道，就是指"人道"，"人道"的根本在于人心，人有孝悌之心，才可以有孝悌之道。几千年来，人们把忠孝视为天性，甚至作为区别人与禽兽的标志。孝悌是人品修养的根本，人能有孝悌之心，才有了根本，如同木之生于根。人与人之间的温情与善意，发于人心。有孝心的人连天地正气，说话做事理直气壮有威信，自然就会受到敬重。

子游曾经问孝，孔子说："今之孝者，是谓能养。至于犬马，皆能有养。不敬，何以别乎？"是说只是奉养父母不算孝，对父母要有恭敬心，否则与养动物没有区别。子夏也曾经问孝，子曰："色难。"是说孝敬父母，最不容易的就是对父母和颜悦色。对父母有感恩有深爱，就必定和气，内心和气就必有婉容。人的面色，是内心的真情流露，对父母没好脸色是心里不平和。长期以来，中国人把孝视为人立身之本、家庭和睦之本、国家安康之本，同时也是人类延续之本。习近平主席在中央党校给领导干部讲话时提到，要读好书读善书，特别谈到，各级领导干部应该读读《弟子规》。实际上《弟子规》开篇就是"入则孝"。眼下社会道德滑坡，我们讲孝是为了弘扬做人的品质，它既要体现怎么去做人，还要做有德之人，有德必有孝、有孝必有德。

【经典回放3】子贡曰："贫而无谄（chǎn），富而无骄，何如？"子曰："可也，未若贫而乐富而好礼者也。"子贡曰："《诗》云：'如切如磋（cuō），如琢（zhuō）如磨①'，其斯之谓与？"子曰："赐也，始可与言《诗》已矣，告诸往而知来者。"

【词语解析】①如切如磋，如琢如磨，钱穆先生说有两种解释。一种解释，治骨叫切。治象叫磋，治玉叫琢，治石叫磨，没有切磋琢磨的功夫，这四种东西都不能成器，也是说研究学问的功夫。另一种解释，治牙骨的，切了还得磋，使之更加平滑；治玉石的，琢了还得磨，使之更加细腻。

【译文对照】子贡说："贫穷的人能不谄媚，富贵的人能不骄傲，如何呀？"先生说："这也算好了，但不如贫而能乐道，富而知礼好，那就更好了。"子贡说："《诗经》上曾经说过，像切呀，磋呀，琢呀，磨呀，不就是这意思吗？"先生说："赐呀，像这样，就可以和你谈诗了。告诉你这里，你能知道那里。"

【读书感悟】人穷则多有所求，因此容易谄媚，富了有所依赖则容易生骄傲之心。人有了谄媚之心，心理上也就处于下位，不可能平等，只有被统治的感觉。穷了不向人低头，是认为自己虽然穷，但不比他差，做人应该有底线。

"富而不骄"是指富有了不骄傲，但觉得自己仍是有骄傲的底气的，而"富而好礼"则少了这份骄傲。"好礼"不仅仅讲礼貌，而是在学问做人各方面随时虚心求进，不断讲究做人做事的道理，这是非常了不起的做人品质。俗话说人得意容易忘形，《道德经》上说"富贵而骄，自遗咎也"是说富贵了骄傲奢侈，是自己给自己招致灾祸。为此，做人成就了事业一定要谦虚谨慎，不骄不躁，永远把成就当作新的起点，这才是有成就感的好品质。

【经典回放4】子曰："君子不重①则不威②。学则不固。主忠信。无友不如己者。过则勿惮③改"。

【词语解析】①重，庄重。②威，威严。人不厚重，则失威严，不为人敬。③惮，害怕。有了过错要勇于改正，不可以畏难苟且偷安。

【译文对照】先生说："一个人，不厚重，便不威严。学习可以使人不闭塞。行事当以忠信为主。不和不如己的人交朋友。有了过失，不要怕改。"

【读书感悟】与不如自己的人交朋友，没有好处反而有损害。有人会说每个人如果都想找比自己强的人做朋友，那么比你强大的人也将不会与你做朋友。孔子是想告诉我们良师益友是用来帮助我们提升的，选择朋友如同选择老师，必选胜于自己的。具备了这样的心思，我们就能见贤思齐，虚心学习，谦恭自守，那么优秀的人也就愿意和我们交朋友了。居必择邻，交必择友，居住必须选择好邻居，交朋友必须交好朋友。买邻之值，贵于买宅，就是这个道理。

"蓬生麻中，不扶而直；白沙在涅，与之俱黑。"强调的就是环境的影响。曾有报道一宿舍"七金花"全考研成功，其中四人考入"985"。追梦之旅布满荆棘，伴随着欢笑与泪水，漫长的考研征程中，她们一直互励互勉，"不抛弃，不放弃"。在彼此的鼓励中，共同成长，共同进步，共同面对生活中的挫折，共同敲开了梦想大门。

【经典回放5】子曰："人而无信，不知其可也。大车无輗（ní）①，小车无軏（yuè）②，其何以行之哉？"

【词语解析】①輗，古代的车子，车体前端伸出一条或两条直木，称为车辕，与车辕前端相连接的，架在拉车的牲口背上的曲木，称为车衡。车辕前端与车衡相衔接的部分是輗。大车指的是牛车，机动性差但载重量高。②軏，古代小车车辕前端与车衡相衔接的活销钉关键。小车指的是只有单匹或两匹马拉的车子，机动性高，但载重量低。没有輗和軏这么一个微小的构件，车子就不能行走。一个人有才华，接受过系统的高等教育，但不具有信德，就像古代的车子，不过就是少了车辕横木上的一枚小小的活销式衔接结构，就无法负重远行。

【译文对照】先生说："做人不具备信德，就不知道他有什么可取之处了。好比牛车缺乏輗、小车缺乏軏的结构一样，这样的车靠什么行路呢？"

【读书感悟】一个人不自信，不肯信任他人，不肯讲诚信，这种人就不具备信德。信德中的信用：一指说话要有事实依据，否则即是信口雌黄的妄语，无稽之谈及道听途说都不能取信于人；二指承诺要能兑现，"千金易得，难买季布一诺"；三指既然决定做了，一定要有始有终。

诚信，首先要相信别人。回溯曹操的史事，官渡之战，他以绝对弱势最终击败了袁绍强大的北方军团。但这不是正面战场上靠勇气和意志、战术来取得的胜利，而是靠用人得当，比如，任用降将臧霸担任东方青州防线守备司令，挡住侧翼的敌军；任用降将张辽、关羽率突击队斩杀袁军先锋猛将颜良，猛挫了袁绍军团的锐气；曹操在襄阳战役中，还运用降将徐晃击败名震华夏的关羽；在安徽合肥逍遥津防卫战中，任用张辽指挥全军，张辽亲自率队两次突袭孙权的指挥营，使孙权两度抱头鼠窜，绝对优势的东吴大军始终无法展开攻势而被迫退出战场。可以说曹操的一生成就，最重要的因素之一，就是知人善用，用人不疑，用人得当。

信德中的自信，要建立在对社会现实与历史的综合而全面的了解上，通过生活的实践，人生经验的积累，达成对于自身素质的正确了解，正确培养自己的能力与智慧，这样才会拥有自信，自信的人，当然一定是个善于学习与实践的人。

古人云："言行相应，则谓之贤"。言行一致，就是品质优良的贤者。其最核心的东西应该是"诚信待人"。

诚信是中华民族的传统美德。但今天我们这个礼仪之邦，居然出现了"诚信危机"，是历史发展的必然，当然更是我们民族的耻辱。随着时代的变迁，商品经济的出现，"人心不古"的诚信危机出现了。改革开放后，一些尚在原始积累期的商贾，利用宏观政策的缺陷，坑蒙拐骗、逃账赖账、尔虞我诈，圈套、侵占别人款项情况，时有发生。假烟假酒假名牌、毒米毒面毒瓜子、股市造假见怪不怪、"三角债"越滚越大。

目前在我国的"诚信"已不再是一个单纯的道德问题，诚信之德的危机已经危及国家、民族、政党、社团、企业，乃至于个人生存与发展的核心和生命线。

人之失信，害及若干人，团队失信，危及一群人；社会无信，则人人自危；政府如果缺乏信用，则德治难行，权威不立，导致政府公信力丧失，而政府自毁公信的连锁反应，将祸及国家天下。

诚信是立世之本，立业之根，更是立国之基。个人需要诚信，社团需要诚信，社会企盼诚信！

【经典回放6】或曰："以德①报怨，何如?"子曰："何以报德? 以直报怨，以德报德。"

【词语解析】①德，恩德，恩惠。

【译文对照】有人说："用恩德来报答怨恨怎么样?"先生说："用什么来报答恩德呢? 应该是用正直来报答怨恨，用感激、恩德来报答恩德。"

【读书感悟】孔子不赞成以怨报怨，不赞成以一种恶意，一种怨恨，一种报复的心态去面对别人的不道德，否则这个社会将是恶性循环，无休无止，那样我们失去的将不仅是自己的和谐，当今的和谐，还有子孙后代的和谐。

法律和刑法的使用是法家所提倡的，在这种提倡外在压制的形式下，往往忽视了每个人都有一个纯净纯善的本性，犹如乌云遮日，被障碍住的是人性。所以儒释道三家皆提倡人性的恢复，善恶皆有因，然后根本都是善的。所以"以直抱怨"在于让迷惑犯错的人忏悔、醒悟，更体现了大慈大悲之心。"以德报德"，更需要用很感激的内心感恩给我们恩惠的人、事、物。

【经典回放7】子张①学干②禄。子曰："多闻阙（quē）③疑，慎言其余，则寡尤④；多见阙殆（dài），慎行其余，则寡悔⑤。言寡尤，行寡悔，禄在其中矣。"

【词语解析】①子张，孔子晚年弟子。②干，求。求禄，是指求仕途。③阙，放在一边。④尤，罪过。⑤悔，悔恨，由心生。

【译文对照】子张问如何求仕途。先生说："多听别人说话，把你觉得可疑的放在一边，其余的，也要谨慎地说，便少过错；多看别人做事，把你觉得不安的，放在一边，其余的，也要谨慎地行事，便少后悔。说话少过失，行事少后悔，谋仕途的道理便在这里面了。"

【读书感悟】孔子是告诉子张在做学问上要多闻多看，再慎言慎行，从而达到少过错少后悔。做到了这些，谋求仕途的道理便也就在其中了。多闻多见是博学的根本，慎言慎行是做人的修养。《道德经》上说："圣人之治，虚其心，实其腹，弱其志，强其骨。"说的就是圣人行事的原则，就是要谦虚谨慎，不断充实自己的学识，淡化各种非分的欲求，增强自己的骨气。

多闻、多见、慎言、慎行，让自己的心少一点后悔。世上没有卖后悔药的，人一旦后悔的时候，一切皆成定局。一个人如果在说话里少了很多的指责、抱怨，在他行为中少了很多的让自己后悔的经历，那么，这个人做事做人便"禄"在其中，他就能成功了，道理就这么简单。

【经典回放8】子曰："可与言而不与之言，失人；不可言而与之言，失言。知（智）者不失人，亦不失言。"

【词语解析】有两种解释：一是君子之贵于言，言贵而后道重。轻言，则道亦随之而轻矣。又一说，君子贵识人，不识人，则将失言，然亦有恐于失言而遂至失人者。人才难遇，当面失之，岂不可惜。

【译文对照】先生说："可和他言，而我不言，则失了人；不可和他言，我和他言了，则失了言。惟有智者，能不失人，亦不失言。"

【读书感悟】这是孔子在教育我们要善于识人，根据对象不同选择言与不言。对于一个可以与自己谈话的人，我们却不去和他谈，那么我们就错过了好机会，失去了结交一个值得结交的人。而对于一个不可以同他谈话的人，而我们却去和他谈话，就是在浪费语言。具有人生智慧的人，对人生、社会看得全面、透彻，在人际交往中审时度势，因人而异，谈吐得当，不会错失人才和朋友，也不会喋喋不休，甚至对牛弹琴，发生"失言"的事。

【经典回放9】孔子曰："侍于君子有三愆①：言未及之而言为之躁，言及之而不言为之隐，未见颜色而言为之瞽②。"

【词语解析】①愆：音 qiān，过失。②瞽：音 gǔ，盲人。

【译文对照】孔子说："侍奉君子时容易犯三种过失：君子想说话尚未说的时候，你抢先说，就是急躁；有些话君子已经说到了，你还不说，就是隐瞒；不察言观色便贸然张口说话，就是不长眼睛。

【读书感悟】谈话作为一门与人相处的艺术，最重要的就是要学会恰到好处。做人做事都讲究细腻，想把事情做好，必须放下眼前的利益。与人相处时，需察言观色，懂得在什么场合说什么话，说话不要急躁，不要急于表现，更不能插话。而且，需要真情实意时，要真真切切地讲话，讲真话。

孔子这段话是要告诉我们提升自己的德行学问，对人心态要诚实谦卑，要心怀敬畏。

【经典回放10】子曰："躬自厚而薄责于人，则远怨矣。"

【译文对照】做一个人，尤其是做一个君子，重要的是要严格地要求和责备自己，而对人则采取宽容的态度，在责备和批评别人的时候应该尽量能够做到和缓宽厚，这样，就自然不会招致怨恨了。

【读书感悟】在生活中，人往往容易原谅自己，为自己开脱，找借口掩盖自己的过失和不足，倒是常常责怪别人，把失误或者过错归咎于别人，这样，不但自己失去了反省自己和找到自己不足的机会，而且，也会引起别人的反对和埋怨，甚至是憎恨。

近代学者梁启超曾经说过："君子接物，度量宽厚，犹大地之博，无所不载。责己甚严，责人甚轻。名高任重，气度雍容，望之俨然，即之温然。"梁启超认为，君子待人接物，像大地一样宽厚，无所不载，严于律己而宽以待人。所以，如果一个人有包容别人的气量，那么他的处世接物，就会坦坦荡荡，没有芥蒂，这样，他也就会得到重任和人的信任。一个人名高任重，气度雍容，"望之俨然，即之温然"，这就是厚，也是他所以为君子的缘故。

《菜根谭》中说，"反己者，触事皆成药石；尤人者，动念即是戈矛。一以辟众善之路，一以浚诸恶之源，相去霄壤矣"，这就是说，能常常反省自己的人，遇到什么事都可能成为使自己警醒的良药，而那些常怨天尤人的人，心中的念头就像会伤害自己的刀剑。一个是通向善行的途径，另一个是形成恶行的源头，两者犹如天壤之别。这句话中蕴涵的道理和"躬自厚而薄责于人"是一样的。

【经典回放 11】子贡问曰："有一言而可以终身行之者乎？"子曰："其①'恕②'乎！己所不欲③，勿④施⑤于⑥人⑦。"

【词语解析】①其：大概、也许。②恕：指儒家的推己及人，仁爱待人。③欲：想，想做。④勿：不要。⑤施：施加。⑥于：介词，在。⑦人：这里解释为对方，与原文前面的

"己"相对。

【译文对照】子贡问："有没有一句话可以终身奉行的呢?"先生说："那就是'恕道'吧!自己不愿意的事,不要强加给别人。"

【读书感悟】子贡问孔子,人生修养的道理能不能用一句话来概括?孔子就讲出这个恕道。恕道就是推己及人,替自己想也替人家想。有人对于一件事情的处理,常会有对人不痛快、不满意的地方。我们分一点利益出来给别人,这就是恕;觉得别人不对,原谅他一点,也就是恕。恕道对子贡来说,尤其重要。因为他才华很高,孔门弟子中,子贡不但生意做得好,是工商业的巨子,他在外交、政治方面也都是杰出之才。才高的人很容易犯不能饶恕别人的毛病,看到别人的错误会难以容忍。这八个字的修养,要做到很难,"己所不欲,勿施于人。"

【经典回放 12】子曰:"人无远虑①,必有近忧②。"

【词语解析】①虑:考虑。②忧:忧愁。

【译文对照】孔子说:人没有长远的考虑,一定会有眼前的忧患。表示看事做事应该有远大的眼光,周密的考虑。

【读书感悟】今日的忧愁是昨日所致。昨日的那些相关决定如果不正确,昨日的作为如果不够周全,就会造成今日的苦果。倘使重新来过,哪些错误是可以避开的,进而去认知、体悟这些事物间的因果关系。重新检讨下来,不但学得教训、经验,而且不会重蹈覆辙,并能强化对事物相关影响的认知,增强决策判断力。俗语说"不增一事,不长一智",就是这个意思。

深入思索，就会令人豁然开朗。所谓"人无远虑，必有近忧"，应该是指，现在所面临的问题（忧愁），是因为以前没有深思熟虑的后果；同样，今天的作为如果未经长远的深思熟虑，未来必会尝到苦果。所以，这句话除了提醒我们要"深谋远虑"，还点出一个要点：凡事必是"自作自受"，这是每个人都要有的认知。重新品味"人无远虑，必有近忧"这句话，除了警惕自己、要对今日的事物深思熟虑、深度思考外，还应对将来进行打算，即所谓的"深谋远虑"。"人无远虑，必有近忧。"这是古老的谚语，充满了先人的智慧，告诫人们要未雨绸缪，不要只看眼前的事物，而忘却了人之所以积极奋斗的远景期待。

【经典回放13】子曰："巧言①乱德②。小不忍则乱大谋③。"

【词语解析】①巧言：巧。虚伪，指语言。巧言，表面动听实际虚伪的语言。②乱德：乱，败坏；德，道德。③乱大谋：乱，扰乱；大谋，大的谋略。

【译文对照】先生说："花言巧语败坏人的道德，小的地方不忍耐就会扰乱大的谋略。"

【读书感悟】这两句话很清楚，就是说个人的修养。巧言是很好听的话，使人听得进去，听的人中了毒，上了圈套还不知道，这种巧言是最会搅乱正规的道德。人们在平常的生活中，往往喜欢好听的话，以为对自己吹捧的人是对自己最好的人。孔子是在提醒人们，要善待忠言，但忠言逆耳，人们往往听不进去，要提高自己的认识和修为才能接纳忠言。君子和而不同，小人同而不和，君子给你提意见，是对你的主张和工作进行调和，使其更加完美，小人只会花言巧语，随声附和，和你保持相同。历史上那些听信谗言巧语的人，轻则毁掉前程，重则危害国家。

"小不忍，则乱大谋。"有两个意义，一个是人要忍耐，凡事要忍耐、包容一点。如果一点小事不能容忍，脾气一来，坏了大事。许多大事失败，常常都由于小事搞坏的。一个意思是做事要有韧劲，碰到一件事情，不能一下子就要决断，坚忍下来，才能成事。姑息养奸，就是小不忍。

【经典回放 14】子曰："人而不仁，如礼何？人而不仁，如乐何？"

【译文对照】孔子说："做人如果没有仁德，怎样来对待礼仪制度呢？做人如果没有仁德，怎样来对待音乐呢？"

【读书感悟】礼与乐都是外在的表现，而仁则是人们内心的道德情感和要求，所以礼乐反映人们的仁德。这里，孔子就把礼乐与仁紧紧联系起来，认为没有仁德的人，根本谈不上什么礼乐的问题。乐在当今社会有娱乐、教育、审美等作用。就像每个国家有自己的国歌，代表一种民族文化或者民族精神。波兰的爱国作曲家肖邦，曾以波兰民间舞曲玛祖卡的体裁，写出不少表达祖国人民在异族统治下的愤懑之情以及决心奋起抗争的乐曲，鼓舞了人民的斗志，肖邦的"玛祖卡"被称作"藏在花丛中的大炮"（舒曼语）。

【经典回放 15】子曰："不仁者不可以久处约①，不可以长处乐。仁者安仁，知者利仁。"

【词语解析】①约，穷困。

【译文对照】孔子说："不仁的人不可以长久地居于穷困中，也不可以长久地居于安乐中。有仁德的人安于仁（实行仁德便心安，不实行仁德心便不安）；聪明人利用仁（他认识到仁德对他有长远而巨大的利益，他便实行仁德）。"

【读书感悟】孔子说假使没有达到仁的境界，不仁的人，不可以久处约，约不是订一个契约，约的意思和俭一样。就是说没有达到仁的境界的人，不能长处在简朴的环境中。所以人的学问修养，到了仁的境界，才能像孔子最得意的学生颜回一样；一箪食，一瓢饮，可以不改其乐，不失其节。换句话说，不能安处困境，也不能长处于乐境。没有真正修养的人，不但失意忘形，得意也会忘形。到了功名富贵快乐的时候忘形了，这就是没有仁。假如到了贫穷困苦的环境就忘了形，也是没有真正达到仁的境界。安贫乐道与富贵不淫都是很不容易的事，所以说："知者利仁"。如真有智慧、修养到达仁的境界，无论处于贫富之际，得意失意之间，就都会乐天知命，安之若素的。

辑三

高考教学研修

"栉风沐雨，弦歌不辍"，一个人如果不能飞，那就奔跑；如果不能奔跑，那就行走；如果不能行走，那就爬行。但无论你做什么，都要保持前行的方向。在面对生活中的困难和挫折时，不要放弃，而是要寻找适合自己的方法，坚持前行。勇敢地迎接挑战，不断追求梦想，让生命充满光彩和意义。

| 读书 · 教学 · 感悟 | 逐梦

识局　破局　掌局

——解读课标、深研高考、精耕课堂

　　新课标是"新课程"实施和"新高考"备考必须遵循的共同纲领，教师对新课标和新教材的把握水平，对新课程和新课堂的组织实施水平深度影响高考备考的质量。高考题目设置切合新课标、新教材的精神，研究高考试题有助于引导学习回归课标、精耕课堂。研究课标的目的是"课标引领教学"，最后做到"用教学引领高考"。

　　新课标提出语文学科的四大核心素养：语言建构与运用、思维发展与提升、审美鉴赏与创造、文化传承与理解。所以说，研究课标的目的是用"课标引领教学"。解读新课标必须解决好以下问题。

　　首先，要明确新课标的育人功能。

　　新课标的育人功能在高考试题中体现明显。就如 2022 年新高考 I 卷的诗歌赏析题，是一首宋词。

193

《醉蓬莱·人日南山约应提刑懋之》

无边春色，人情苦向南山觅，村村箫鼓家家笛，祈麦祈蚕，来趁元正七。翁前子后孙扶掖，商行贾坐农耕织，须知此意无今昔，会得为人，日日是人日。

〔注〕人日：旧俗以农历正月初七日为人日。

16 题的题干：词人在下阕发表议论，指出如果懂得做人的道理，每天都是人日。词中谈到哪些做人的道理？请结合内容简要分析。（6 分）

参考答案：①人应当执着地追求幸福和美好；②人的实践和追求对于生活幸福至关重要，勉励人们追求不息，生生不止；③要懂得长幼之序，懂得天理人伦等做人的道理。

其次，新课标注重读书，强调积累。

2022 年新高考 I 卷的文言文阅读节选自《战国策·魏策三》，现代文阅读 II（18 分）节选自冯志的历史小说《伍子胥》第六节《江上》。孟尝君是著名的战国四公子之一，伍子胥是楚国的名臣，了解了孟尝君、伍子胥的故事，题做起来就感觉不陌生。另外冯志的散文《一个消逝了的山村》在统编新版选择性必修下册，作者学生也不陌生。

第8题舟行江上，伍子胥的思绪：江上风景使伍子胥心态平和——想到家仇心有膨胀——渔夫的豁达纾解了伍子胥心中的仇恨。第9题的题干：渔夫拒剑是一段广为流传的历史故事。渔夫是一位义士，明知伍子胥身份而冒死救他渡江，拒剑之后，更为了消除伍子胥的疑虑而自尽。本文将渔夫改写为一

个普通渔人，这一改写带来了怎样的文学效果？谈谈你的理解。（6分）

参考答案：①是体现渔夫的侠肝义胆，本文将渔夫改写为普通人，具有人情味，更接地气。②文学效果，文学创作体裁为小说，回到小说的人物形象的塑造。③渔夫不仅摆渡伍子胥过江，还摆渡他的灵魂。

高考试题结构清晰、板块分明，与语文学科的核心素养紧密相关。现代文阅读部分侧重"思维发展与提升""审美鉴赏与创造"，古诗文阅读部分侧重"文化传承与理解"，语言文字运用部分侧重"语言建构与运用"，而写作部分则将以上四者综合。

2022年新高考Ⅰ卷信息类文本阅读选用2则材料，材料一节选自习近平《加快构建中国特色哲学社会科学》，强调加强对中华优秀传统文化的挖掘和阐发、让民族性更加符合当代中国和当今世界的发展要求。材料二摘选自郑敏的《新诗百年探索与后新诗潮》，提出"没有传统何谈创新""古典诗论的当代人文价值"等看法，与材料一的观点紧密相应。

结合课标要求，深研高考试题，谈一下自己教学实践中浅薄认识。

第一，语言是基础。语文学科的四大核心素养中，以"语言的建构与运用"为基础，而老师们在使用新教材时，往往会忽略这个根本而舍本逐末；新高考出现的轻识记重素养的考查导向，也容易让老师们忽略语言基础教学。忽略语言的基础而求其他三个核心素养的达成，无异于缘木求鱼。

新课标的第 5 页，"学科的核心素养"部分的最后强调，在语文课程中，学生的思维发展与提升、审美鉴赏与创造、文化传承与理解，都是以语言的建构与运用为基础，并在学生个体言语经验发展过程中得以实现的。2022 年新高考 I 卷语言运用的第 18 题，直接让学生在横线处填入的三个成语"不解之缘""密不透风""司空见惯"很基础。

高考试题中的语言文字运用是 20 分，一般有两个语段约 800 字，考查词语、病句、修辞、连贯、补写、句式、压缩等知识。教师应该在必修一、必修二的教材学习过程中加以重视，用好教材，提升学生的语言运用能力。

第二，设计好语文学习活动。《课标》42 页，第六部分"实施建议"的第 3 条：创设综合学习情境，开展自主、合作、探究的学习。

学习最后要落到学生身上，要关注学生学习方式的转变，做好学生语文学习活动的设计、引导和组织，注重学习的效果。通过多样的语文实践活动融合听说读写，跨越古今中外，打通语文学科和其他学科、语文学习和学生的生活世界，运用优质的素材和范例，激发学生学习的学习兴趣和动力，提高语言运用能力。

在教学中，教师要鼓励学生根据个人兴趣、能力和特长，自主选择学习内容和学习方式，学会自我监控和学习管理，探索个性化的学习方法。鼓励自主阅读、自由表达，激发问题意识、引导他们体验发现问题、解决问题的过程。组织学生开展合作探究、研讨交流活动，鼓励学生以各种形式相互协作，展示与交流学习成果。

第三，做好语文教学的整合。课标明确要求，要加强课程实施的整合，通过主题阅读、比较阅读、专题学习、项目学习等方式，实现知识与能力，过程与方法，情感、态度与价值观的整合。

群文教学是新教材实施以来提得最频繁的一个词，程翔老师曾经提出过"以类相从"。他认为语文教学的灵魂在于重视"带"。以"教读"带"自读"，以"一"带"多"，用方法"带"，用规律"带"，最后达到使学生触类旁通、融会贯通的目的。新教材设计"学习任务群"，"学习任务群"以任务为导向，以学习项目为载体，整合学习情境、学习内容、学习方法和学习资源，引导学生在运用语言的过程中提升语文素养。

在我们的教学实践中可以发现，中国古代多采用主题或同类相聚的编写方式，用梁启超的话说"文章要一组一组地学"，这是对中国古代书籍及教材编写的精当总结。通过群文教学我们可以进行"类文本"的阅读教学，其中"比较教学"很重要，因为比较对于提升学生的思维品质很重要，属于高阶思维。无论是比较相同点，还是比较相异点，重点都是落在思维训练上。比如鲁迅的《祝福》和沈从文的《边城》，一个写鲁镇的压抑窒息，人无好人；一个写边城的单纯美好，人皆好人。一个是晚云沉重，一个是诗情画意。这真实吗？鲁镇就没有"好人"吗？边城就没有"坏人"吗？恐怕不是。但作者有意那样写，起决定作用的是作者的创作意图。这样分析，学生的思维必然会向纵深发展。

　　有句话说："人生如棋，识局者生，破局者存，掌局者赢。"人生就是一个不断破局的过程，你能破多少局，就能有多大的成就。教学如棋，研究课标智，不研究课标愚，掌握好课标赢。研制课标，是极少数专家的事情；编写教材，是部分专家的事情。而贯彻课标精神，衔接好高考试题，体味教材编写意图，把教材用好，则是我们教师的事情。不断升级思维，勇于突破自己的边界，这世间就没有能困住你的局。做一个教学上的明白人，深入研究课标，我们才能更好地耕耘课堂。

却顾所来路，苍苍横翠微

——2022 年高考试题浅析

2022 年高考语文试题适应国家关于建设高质量教育体系的要求，很好地贯彻落实了《深化新时代教育评价改革总体方案》。面对一套试题，要有所取舍，学生究竟要考多少分，需要教师了解高考试题，了解学生的基础水平，从而决定教授内容。

高考试题的阅读量：全国卷 I 、全国卷 II 、新高考卷 I 、新高考卷 II 大都九千字左右。考生要注意培养基本的阅读理解能力，备考要在阅读的广度、数量、速度上下功夫。

高考命题依据与导向引领：

（1）高考语文试题最明显的特征就是体现试题、课标、教材、生活四方面内在精神的一致性，强调能力的考查，注重语文核心素养的提升。

（2）题目设置又切合了新课标、新教材的精神，有助于引导语文学习回归课标、回归课堂；进而转至用"课标引领教学""用教学引领高考"的良好方向。

（3）高考试题结构清晰、板块分明，强调思辨性和开放性，这与语文学科的核心素养紧密相关。现代文阅读部分侧重"思维发展与提升""审美鉴赏与创造"，古诗文阅读部分侧重"文化传承与理解"，语言文字运用部分侧重"语言建构与运用"，而写作部分则将以上四者综合。

（4）体现学习任务群。

高考内容：

一、现代文阅读35分。

（一）现代文阅读一（论述类文本阅读）17分。

新高考Ⅰ卷信息类文本阅读选用两则材料，材料一节选自习近平总书记在2016年5月17日召开的哲学社会科学工作座谈会上的重要讲话，强调加强对中华优秀传统文化的挖掘和阐发，让民族性更加符合当代中国和当今世界的发展要求；材料二节选自郑敏的《新诗百年探索与后新诗潮》，主要讨论重建中国本土诗歌传统和传统诗论的现代转化等问题，与材料一的核心观点紧密相应。

题型设置：选择题，理解3分、推断3分、论证3分；笔答题，论证4分，分析4分。

考查能力：信息的提取与加工，重要概念的含义，逻辑的推理与判断，梳理文段之间的、文段内部的逻辑关系，理清论证结构和方法。

考查的内容：（1）理解重要的概念、观点；（2）理解重要句子含义、作用；（3）分析材料和观点的关系；（4）分析文本的论证结构、论证方法；（5）评价主要观点和基本倾向；

（6）分析多个文本的异同；（7）根据文本信息进行判断推理。

必备知识：重要概念的含义；重要句子的含义、作用；主要的观点、中心内容；论述类文本结构的相关知识，包括论证层次、论证思路及论证结构；论点与论据的关系；常用的论证方法；论述语言的特点。

备考策略：

（1）明了命题陷阱。信息类文本阅读的选择题常见的设误方式有，偷换概念、混淆是非、指代有误、以偏概全、无中生有、混淆时态、关系错位、说法绝对等。

（2）学会勾画标注。学生在阅读文本时，一定要标画文章中的核心概念、主要观点、典型论据、关键词语等重要信息，从点、面角度梳理清楚文本的主要内容、思路结构，从而为下一步的做题做好准备，提高获取信息的效率和准确率。

（二）现代文阅读二（文学类文本阅读）18 分。

选择题：内容理解 3 分，特色分析 3 分。

笔答题：手法分析 6 分，比较分析 6 分。

考查重点：（1）内容分析、艺术特色；（2）手法分析、语言分析、情节结构、作品主题；（3）评价作品价值、审美取向。越来越重视对文本的深层把握和理解，强化对理解分析能力、逻辑推理能力、审美鉴赏能力等方面的综合考查。

必备的知识：（1）篇章结构、情节层次、线索标题；（2）语言、景物、场景、叙述视角；（3）人物形象特点及塑造方法；（4）表达技巧、修辞手法、表现手法；（5）情感表达、主题表现。

备考策略：注重构建和完善文学类文本（小说、散文、戏剧、诗歌）必备知识体系。

（1）借助思维导图等手段，以文本的体裁特征（结构、任务、情节、表现手法、语言等）为主干，整理各类知识，将知识内化于心，构建知识体系，掌握专业术语。同时注意知识的融会贯通和迁移运用。

（2）加强审题能力训练。试题命制精细化、考查点微观化是未来的方向。简答题的设问方式越来越灵活，答题的关键是审读题干，把握命题意图，加强审题能力训练。

（3）基本的答题模式不可抛弃。不能套路化，但也不能抛弃基本的答题模式。

二、古诗文阅读35分。

（一）文言文阅读约650字，20分。所选材料家国情怀的主题鲜明，通常以政论为主，平时多注意了解古代重视民生、强调法治、君明臣直、上下同心的优良传统，使学生接受良好品格的浸润，弘扬家国情怀，激发爱国热情，传承中华优秀传统文化，增强文化自信。

选择题：（1）断句3分；（2）常识3分；（3）理解3分。

笔答题：（1）翻译8分；（2）问答3分。

（二）古代诗歌阅读9分。命题紧扣诗歌主题，命题对应：诗书无涯、发奋读书；发乎先圣，修身立事；不忘天下苍生的责任担当、经时济世；人与自然的和谐共生等。

选择题：综合赏析3分。

笔答题：6分，分析观点、分析句意、分析思想、分析手法。

必备知识：（1）文言文中关键实词、虚词的意义和用法；（2）词类活用的知识；（3）常用的文言文翻译方法，"直译为主，意译为辅"的翻译原则。

（三）名篇名句默写6分。考查中华优秀传统文化素养的沉淀。

备考策略：

（1）重视教材的学习使用。教材中的文言文、古代诗歌都是典范文本，知识密集规范，是学生学习、教师教学的最佳样本，平时学习中务必要多下功夫，反复咀嚼。

（2）重视高考真题的示范作用。

（3）梳理高考真题，寻找考查规律。对名篇名句默写考查的重点篇目及语句，逐篇过关。在平时学习中，背诵应做到"文通"，即理解文意；默写须做到"字准"，即选准句，写对字。"文通""字准"是该题不丢分的两个关键。

（4）掌握必需的古代诗文阅读技巧。把记叙类的文言文当作记叙文进行解读，梳理清楚各个要素：时间、人物、事件。标注具体时间的变化，人物的基本品格，人物之间的关系和互相评价，围绕同一事件不同人的观点态度和解决办法。

三、语言文字运用20分。

语段一11分，350～400字。

选择题：（1）成语3分；（2）语序4分；（3）修辞4分。

语段二9分，350～400字。

笔答题：（1）引号用法3分；（2）语意连贯6分。

四、写作60分。

要求：选准角度，确定立意，明确文体，自拟标题。

材料侧重育人性，任务侧重思辨性，要求侧重统一性。

作文题借围棋学习中的3个术语"本手、妙手、俗手"巧妙类比，阐明目标远大和磨砺功夫、基础扎实和创新创造的辩证关系，引导学生遵循获取知识和养成能力的基本规律，筑牢根本，守正而后创新。

年年岁岁题相似，岁岁年年有不同。2022年高考题充分发挥语文学科优势，以文载道，以文传声，以文化人，但是不管高考如何变化，变的是形式与结构，不变的是内涵与灵魂。

重视教材的整合与实践

——2023 年新课标 Ⅱ 卷解析

  2023 年新课标 Ⅱ 卷现代文阅读 Ⅰ 是由两则材料组成的复合文本。材料一摘自习近平总书记 2011 年 11 月 6 日在中央党校秋季学期第二批入学学员开学典礼上的讲话《谈谈调查研究》。材料二摘编自《费孝通全集》（第 5 卷）中的《亦谈社会调查》一文。两篇文章注重对考生知识获取能力和思维认知能力的考查，落实高考基础性、综合性和应用性的考查要求。

  《普通高中教科书 语文》第一页的编写说明，对教材的突出特点和创新之处做了九点说明。其中第 4 点："重视整合与实践，创新单元内部结构"是这样描述的："课程标准指出：'语文课程是一门学习祖国语言文字运用的综合性、实践性课程。'综合性强调的是课程内容的整合，包括课程目标的整合、学科素养的整合、课程资源的整合、课程知识的整合、课程实践的整合；实践性强调的是让学生在真实的语言运用情境中，自主参与相关实践活动，积累言语经验，完成符合实际需要的特定学习任务。""课文不再像以往那样基本是单篇成课，或多以文体聚合，而是以主题、内容或写法聚合，打破文体限制，以单篇加多篇的方式组合成单元教学资源，带有明显的整合性质。"

现代文阅读 Ⅱ 节选自沈从文的《长河·社戏》，沈从文是学生熟悉的现代作家，他的代表作《边城》被节选入统编教材选择性必修下册。《边城》让人领略了湘西小城淳朴的风土人情，同时也让人品味到，小说中的田园牧歌情调背后，还隐伏着挥之不去的悲凉。就像教材中提示的那样，阅读沈从文的《边城》，可以"思考他为什么会写这样一个'世外桃源'式的乡村社会"。究其原因，是沈从文深知那样一个世外桃源早已式微，那样一曲田园牧歌已成绝响。因此，他在写作《边城》的时候，就预备着要写一部"对照"的作品。1937 年冬天，沈从文回到故乡，再次深入观察当时的湘西社会，写了长篇小说《长河》，也就是他曾设想的《边城》的对照之作，"用辰河流域一个小小水码头作背景，就我所熟悉的人事作题材，来写写这个地方一些平凡人物生活上的'常'与'变'，以及在两相乘除中所有的哀乐。问题在分析现实，所以忠忠实实和问题接触时，心中不免痛苦，唯恐作品和读者对面，给读者也只是一个痛苦印象，还特意加上一点牧歌的谐趣，取得人事上的调和。"本试题材料就节选自最后一节《社戏》。从某种意义上讲，可以看作是整合沈从文的两篇文章，考查学生比较两个以上的文学作品在主题、表现形式、作品风格上的异同的能力。

第 6 题 B 选项，"女人们成群结队来看戏，有时还会带上饭箩针线或香烛纸张，富有乡土生活气息。"陈述村民们看社戏的景观之一，引导考生注意文本的民俗色彩和乡土气息，这是沈从文小说的突出特征。

第7题B选项，"传统白话小说常以描摹衣饰来刻画人物，本文写社戏之日长顺走动拜客，就使用了这种笔法来表现长顺的郑重守礼。"此相关联的是考生对《红楼梦》《儒林外史》等传统白话小说的阅读。读传统白话小说，尤其是《红楼梦》这类所谓的世情小说，往往能读到大段大段关于衣服饰物的描写。白话小说不厌其烦地刻画衣服的颜色、材料、质地、花纹、样式，对女性人物常常还有非常繁复地装发首饰等的描述，这些都可以帮助我们精准地把握小说人物的样貌、身份、心思、性情。沈从文的某些写作笔法受传统小说的影响极大，以衣写人就是其中的一端；同时，沈从文倾心历史文物和工艺美术，是历史文物研究专家，尤其在服饰研究方面，几乎无有出其右者，《中国古代服饰研究》是他在该领域的权威之作。所以，为笔下人物"穿"上恰如其分的衣服，对沈从文来说是信手拈来的事。

第7题D选项，"最后一段景物描写，同鲁迅《社戏》对归家途中的景物描写一样，都是以自然之美衬托了散戏后人们的失落与惆怅。"关联鲁迅小说名篇《社戏》，两个文本，题材相近，场景类似，都具有抒情性，整合在一起也是自然的。

教材强调整合，高考试题积极体现课标的新理念，呼应教材内容，关联教材的学习任务。教材里的多文本阅读在试题中表现为复合文本的使用，文本和文本之间有显性内容的关联，也有隐性内容的关联。所以，在今后的教学中，我们要做好教材的整合，把教材挖深挖透。教师只有吃透教材，才知道教学往哪里走，该怎样引导学生。

以高考命题改革
带动课堂改革

——从2024年高考试题看趋势前瞻

2024年高考试题通过特定的任务驱动和情境创设，增强试题的开放性、探究性和创新性，考查学生灵活运用所学知识、调动关键能力发现问题、分析问题和解决问题的综合品质。命题遵照"价值引领、素养导向、能力为重、知识为基"的命制要求，考查内容不再只是针对学生拥有知识的多少及深浅，而是在价值引领和必备知识的基础上，突出对关键能力、思维品质和学科素养的考查，服务人才自主培养质量提升，引导拔尖创新人才培养培育。

这是新高考区别于旧高考最大的地方，也是我们准确把握和有效应对新高考的关键所在。结合2024年的高考命题及政策分析，新高考下的命题将呈现以下趋势。

一、以《课程标准》和《中国高考评价体系》为命题依据

课程标准和高考评价体系是高考试题命制的基本依据和核心指南。这就需要我们深刻理解和认识高考的核心功能，准确把握高考的考查内容和考查要求，落实立德树人根本任务，坚持学科素养导向，强化"价值引领、素养导向、能力为重、知识为基"的多维考查模式，实现从"考知识"向"考能力素养"的转变，实现从"解题"向"解决问题"的转变。深刻理解和把握课程标准基本要求，贯彻高考评价体系命题理念，加强考教衔接，实现以考促教，积极改进课堂教学，提高课堂质量和备考效率，有效应对高考综合改革。

二、紧扣"三线"逻辑，坚持命题四项原则，重点考查五大关键能力

高考命题将继续落实立德树人的基本任务，加强价值引领，引导学生德智体美劳全面发展；坚持素养导向，着重考查关键能力，服务拔尖创新人才培养和人才自主培养质量提升；进一步优化情境创设，加大试题的开放性、探究性和创新性，注重学用结合，强化思维品质考查。

"核心价值金线""能力素养银线""情境载体串联线"是高考命题的逻辑主线，这在过去几年的高考命题中得到了充分

体现，也将是未来高考命题遵循的基本方向。以"三线"为基础，高考命题坚持"无价值，不入题；无思维，不命题；无情境，不成题；无任务，不立题"的命题原则。其中，"无价值，不入题"是指高考紧扣时代主题与时代精神，加强对学生理想信念、道德品质、奋斗精神、爱国情怀等方面的引导和考查，将立德树人融入高考试题中。"无思维，不命题"是指高考突出对学生关键能力、思维过程和思维品质的考查要求。"无情境，不成题"是指紧密结合社会热点问题、经济社会发展成就、科学技术进步、生产生活实际等创设真实情境，考查学生灵活运用所学知识方法解决实际问题的能力。"无任务，不立题"坚持问题导向和任务驱动，以解决实际问题和学科任务为考查目标，要求学生运用所学知识、调动关键能力，寻找解决问题的方案。

在关键能力方面，高考命题将注重对信息获取与加工、逻辑推理与论证、科学探究与思维建模、批判性思维与辩证思维、语言组织与表达等方面的考查。上述五大关键能力是相对于所有学科共性而言的，各学科在能力侧重点和表现形式上有所差异，而且还需要结合学科属性和特征，来准确理解和把握各学科的关键能力。

三、强化思维品质考查，引导思维过程化、可视化和规范化

思维品质是人才培养质量提升和拔尖创新人才培养的关键

指标和核心要素。新高考综合改革对学生思维品质的考查要求提到了前所未有的高度，明确将考查重点放在学生的思维品质以及综合应用所学知识发现问题、分析问题和解决问题的能力上。在思维品质考查形式上，主要包括思维过程化、思维可视化和思维规范化三个方面。思维可视化是指要将思维包括过程、方法和技能清晰准确地呈现出来，让思维看得见。思维过程化是指要对思维能力尤其是思维过程进行分解，严格界定思维的过程形式、关键方法与构成要素，让思维成为有可操作性的实在之物。思维规范化是思维品质的核心构成，要求思维必须是专业的、准确的和规范的，而非混乱的乃至错误的思维。

思维品质在近年来的高考命题中得到了越来越多的重视，思维过程化、可视化和规范化是思维品质考查的具体形式。我们要通过可视化、过程化和规范化的训练来提高学生思维品质，有效应对高考综合改革，提升人才自主培养质量。

四、坚持稳中求进，加大试题区分度，增强高考选拔功能

一方面，保持高考命题整体平稳，科学设计试题试卷难度，在考试内容覆盖上保持平衡，在命题素材选择上保持平实，在试题设问上保持平和，在试卷结构设计上保持平稳。

另一方面，高考改变相对固化的试题形式，科学设计试题设问，优化试题呈现方式，降低学生死记硬背和"机械刷题"的收益，进一步加大对关键能力、学科素养和思维品质的考查

力度，不断增强试题的开放性、探究性和创新性，加大试题的区分度，注重培养学生创新精神，让那些具有科学精神、创新能力和批判性思维的学生脱颖而出，更好实现高考的选拔功能，服务人才自主培养质量提升和拔尖创新人才培养培育。落实课程标准要求，进一步加强考教衔接，以考促教，对基础教育发挥良好导向作用。

五、"授人以鱼"不如"授人以渔"

高考试题难度加大，这种表面上难度的增加往往来自命题逻辑的变革和试题形式的创新，即高考命题理念由原来的"学科知识立意"转向了"学科素养立意"，由原来的"知识技能考查"转向了"价值引领、素养导向、能力为重、知识为基"的四维考查，同时增加了试题的开放性、探究性和创新性，尤其强调了对思维品质和关键能力的考查要求。

长期以来，我们的高考复习采用"题型＋套路＋海量重复练习"的模式，即使面对新的高考要求有所改变，也依旧采取传统的备考策略：总结近年高考新题型＋提取和归纳解题套路＋实施题海战术。这种"授人以鱼"的备考方式与新高考背道而驰，面对新高考，这种"机械刷题"越来越难起作用，题海战术的收益也越来越低。因为，关键能力、思维品质和学科素养已经成为新高考的考查重心，开放性、探究性和创新性已成为高考命题的一般要求，而传统的解题套路化和题海战术在提高学生的关键能力、思维品质和学科素养上是低效率的乃至是背道而驰的。有效应对新高考的策略应该是"授人以渔",加强关键能力和学科素养的训练,提升思维品质。

"授人以渔"是通过长期、规范、专业的针对性训练,培养学生一整套可迁移的包括关键能力和学科素养在内的高阶思维能力。关键能力包括但不限于信息获取与加工、逻辑推理与论证、科学探究与思维建模、批判性思维与创新思维、语言组织与表达等。学科素养是指在一个又一个的真实情境中通过完成特定的学科任务而展现出来或生成的综合品质,高考命题的"素养导向"就是通过特定的情境创设,考查学生调动、运用必备知识与关键能力、思维方法与思维品质、情感态度与价值观完成特定学科任务的综合表现。只有通过系统规范的训练,掌握了关键能力和学科素养的"渔",学生才能更好、更高效地应对新高考。

新课标下的文言文学习备考

初中的文言文学习，只是"读读背背，不作具体要求"。高中的文言文学习，除了要"读读背背"，积累语言材料，增加感性认识之外，还要积累文言字词和语句的相关知识。只有重视文言词语等基础知识的积累，才能有效地培养起自己阅读浅显文言文的能力。

下面是新课改、新教材使用前，北师大命制的古代汉语字词句法的测试题目，备受专家的青睐。

阅读下列 6 个文言文片段，回答下列问题：

（1）归去来兮，请息交以绝游。世与我而相违，复驾言兮焉求？（《归去来兮辞》）。

（2）假舆马者，非利足也，而致千里；假舟楫者，非能水也，而绝江河（《劝学》）。

（3）华佗之绝技，凡此类也（《三国志·魏书·方技传》）。

（4）因左手把秦王之袖，而右手持匕首，未至身，秦王惊，自引身而起，绝袖（《荆轲刺秦王》）。

（5）孔子晚而好易，读之，韦编三绝（《史记·孔子世家》）。

（6）唐天宝中，益州士曹柳某妻李氏，容色绝代（《仙传拾遗·许老翁》）。

问题设置：

（1）上面6个文言文片段中，都有"绝"这个单音词，从前后文中理解它们的词义，说明这6个意义可以归纳成几个义项，并说明你是怎样归纳出来的？（语境）

（2）你是否还能写出其中含有"绝"这个词的文言句子，说明出处。（名句默写可能这样出）

（3）这些义项之间有关系吗？如果有，说明它们相关处在什么地方？

（4）"断绝""继续""缠绕""缔结""编纂"这些动词，"纲纪""经纬""纤维"这些名词，红、紫、绿这些颜色词都在"糸"部，说明它们较早的意义都与古人的哪一个生活领域有关？你能从这些词里想象这个生活领域的情景吗？写一篇短文把你的想象描写出来（未来的作文考试）。

解析：从能力层级维度看：考查了识记、理解、分析综合、鉴赏评价、表达应用、探究等六种能力。

从语文核心素养维度看：考查了学生语言建构与运用、审美鉴赏与创造、思维发展与提升（想象）、文化传承与理解等四方面的素养。

特点：建立在文言实词基础的字词句法之上来考查能力，

考查素养。

鉴于此，面对新高考，学习高中文言文，我们应该注意以下几个问题。

第一，明确高中学习文言文的具体要求。

（1）熟读教材上的32篇文言文章，要求背诵的必须背诵，不要求背诵的能背诵最好背诵，每篇文章都要做到字、词、句三落实，"逐句逐字，要见着落"。文章中出现的各种语言现象，力求透彻理解。这是学习文言文最基本的训练。

（2）熟练掌握文章中的课下注释，特别是高频、常用的实词，每个词的本义和常见的几个引申义都要熟练掌握。教师指导学生学会分析古今词义的异同、近义词的差异，词类的活用。

（3）熟练掌握常用的虚词，理解这些虚词的词性和用法。要注意古今用法的不同点，特别是词序的特点，特有的句式。

（4）养成使用工具书的习惯。

第二，熟知文言文学习要具有的常识：了解汉字的特点。

（1）汉字的主要特征是因形示义、义寓形中，形和义关系密切。秦以前的古文字大都是这样的。用什么字形，是由词义（即内涵）决定的。

（2）形声字占古文字80%，形符表意，声符表音，其中有些声符本身来自表意符号，它在另外字中仍起表意作用。例如"吐"的声符"土"，在"堆"字里的"土"则是形符表意。

（3）古汉语中单音节词占优势，一字写一词。

第三，做到"三多"：多读、多背、多练。

古人学习文言文，讲究烂熟于心，"熟读唐诗三百首，不会作诗也会吟"！虽然我们不一定要像古人那样摇头晃脑，但其重视诵读的习惯无疑是值得学习和借鉴的。我们所说的"多读"，不仅要读课本，而且要读读本，有机会的话，还应当尽可能阅读一些文言作品，如"四书""五经"《古文观止》等，尽可能地扩大自己的视野。"多背"是指凡是要求背诵的课文都要不折不扣地背诵，最好能一字不落地把它默写下来，连标点符号也不要弄错！千万别以为这只是"死记硬背"，倘若能坚持到底，那么，在潜移默化当中，就自然掌握了古人的用语习惯和遣词造句的方法，阅读文言文的能力就自然而然地培养起来了。"多练"是提高文言文阅读能力的捷径之一，不仅要认真完成课后训练，而且要多做相关的字词句的分类训练，以拓宽视野，提高自己的综合素质。

第四，要重视预习和复习。

课前预习，除了结合脚注疏通文意之外，还应当进行详细地圈点勾画，结合语境，反复揣摩，找出自己暂时还无法理解的东西，对那些与现代汉语不同的地方，一定要加倍注意。

当然，有条件的话，还应当搜集相关的资料，以备不时之需。在预习的时候，千万别忘记了反复诵读课文，要尽可能读出作者的语气、轻重和感情，要流利通畅、声情并茂。上课时带着问题专心听讲，认真做好笔记，并及时发表自己的观点，尤其是自己尚未弄懂而老师又忽略的地方，一定要"打破砂锅问到底"，切忌浅尝辄止，不懂装懂。课后复习尤为重要，通过复习，不仅可以巩固学习成果，而且还可以加深理解，触类旁通，培养自己的迁移能力。因此，一定不要贪图省事儿，只是上课听听就了事。

第五，扔掉参考书。

有同学认为，学习文言文不外乎翻译课文，因此，上课时抱着参考书不放，这无异于误把拐杖当双腿，一旦丢了拐杖就会寸步难行。对参考书的依赖就像一颗定时的炸弹——翻开参考书，什么都懂，可谓一目了然；一旦合上参考书，就什么都不懂了，只剩一脸茫然！因此，要科学地使用参考书，只有在万不得已时才借用一下，它至多是一根备用的拐杖，千万别把它当成双腿，路得靠自己一步一步地走。

第六，重视归纳和积累。

一般说来，学文言文，最好做到"每课一归纳，专题一小结"。归纳整理时可以从特殊字词的注音、一词多义、古今异义、词类活用、特殊句式、重点语句以及文化常识等各方面来进行，每个单项都可以自行规定一种特殊的符号，以提高学习效益。还有非常重要的一点就是：无论做什么整理，都必须积累相应的例句，否则，知识点就成了无本之木和无源之水……

用小故事　做大文章

——读写一体化的高考作文写作

　　一提作文，往往老师为难，学生作难，即使写作，也是勉强成文，可看的地方极少。每每考试，学生们望题兴叹，感到无从下手，无话可说，但又不得不写。在这种状态下写出的东西，或东拼西凑，没有中心；或文不对题，词不达意；或内容空洞，苍白无力；或表达能力差，重复啰嗦；或语句不通，错字连篇；等等。如何提学生的高考作文水平呢？我从自己的教学实践出发，使用"复述故事"法，融读写于一体，激发学生阅读兴趣，创设情境，激活学生思维，激励学生创造，收到较好的效果。

　　"复述故事"是换一种形式，变无话可说为有话可说，变说他人的话为自己的话，变说无趣无味、无理无聊的话为有趣有味、有理有道的话，让意念和思想成为联动作文的经脉，让机智和情趣成为舞动作文的动脉。复述故事，见文现意，使作文成为哲理故事的积累，成为思想的结晶，成为情趣的乐园，这是智慧完成作文。

"复述故事"教学法共分成五个环节，分别为：阅读故事、复述故事、交流故事、感悟故事、运用故事。各环节紧紧相扣，依次进行。具体落实在课堂教学中，操作过程如下。

1. 阅读故事

阅读课上，学生自行阅读小故事，富含趣味、哲理的小故事强烈刺激他们的兴奋点，激发了兴趣，调动了情感。学生往往在读的过程中，已经入境，他们的内心激动不已，深受感染。

2. 复述故事

在学生激情澎湃，热情似火的状态下，要求他们在笔记本上快速记录下故事。这时的课堂上，全班同学都挥笔不止，过去作文课上抓耳挠腮，搜肠刮肚的现象一扫而光。他们笔下的文字，像汩汩的泉水一样涌出来。

3. 交流故事

在学生复述完故事以后，让学生互相交流，各自讲述自己的记录内容，给学生创造语言表达的机会。

4. 感悟故事

每则故事都浓缩了深刻的人生哲理，蕴藏着丰富的生活智慧，鼓励学生分析、感悟，作出自己的分析判断，挖掘出故事的深层内涵。通过对故事内涵的挖掘和阐述，让学生感悟生活真谛、人生哲理，从而汲取人生智慧，更好地认识社会生活。

5. 运用故事

让学生思考这个小故事在什么样的材料作文中应用，为作文准备丰富的材料。学生在运用故事时可以局部引用，引用故事的人物、环境、局部情节等，也可以综合运用引用故事的全部，把故事作为一个例证的材料。

比如有一次学生读罗杰·罗尔斯的故事。

罗杰·罗尔斯是纽约历史上第一位黑人州长。他出生在纽约声名狼藉的大沙头贫民窟。在这儿出生的孩子，长大后很少有人获得较体面的职业。然而，罗杰·罗尔斯是个例外，他不仅考入了大学，而且成了州长。在他就职的记者招待会上，罗尔斯对自己的奋斗史只字不提，他仅说了一个非常陌生的名字，皮尔·保罗。后来人们才知道，皮尔·保罗是他上小学时的一位校长。1961年，皮尔·保罗被聘为诺必塔小学的董事兼校长。他走进大沙头诺必塔小学的时候，发现这儿的穷孩子无所事事，他们旷课、斗殴，甚至砸烂教室的黑板。当罗尔斯从窗台上跳下，伸着小手走向讲台时，皮尔·保罗说："我一看你修长的小拇指就知道，将来你是纽约州的州长。"这时，罗尔斯大吃一惊，因为长这么大，只有他奶奶让他振奋过一次，说他可以成为5吨重的小船的船长。这一次皮尔·保罗先生竟说他可以成为纽约州州长。着实出乎他的意料，他记下了这句话，并且相信了它。从那天起，纽约州州长就像一面旗帜。他的衣服不再沾满泥土，他说话时不再夹杂污言秽语，他开始挺直腰杆走路，他成了班主席。在以后的40多年间，他没有一天不按州长的身份要求自己。51岁那年，他真地成了州长。

当上述五个环节完成之后，学生提炼出十几种不同的观点：信念决定高度，信念是成功的原动力；一个人的自信是通过他人的一句由衷的赞扬而获得的；最残酷的伤害是对一个人自信心的伤害，最大的帮助是给人信心和表扬；要成功必须锲而不舍，持之以恒；出身贫贱不等于终生贫苦；等等。

语文能力，就是读写的能力，要调动人脑中储存的语言信息，按一定的规律组织而成的。实践证明，通过"复述故事"这种作文训练，从不同方面提高了语文素养。

第一，学生积累了写作素材。"巧妇难为无米之炊"，学生写作之所以无从下笔，很重要的一个原因是没有储存，无话可说。积累一些小故事，从根本上解决"作文贫血症"，这样，学生就能在写作文时左右逢源，得心应手。

第二，提高了学生的语言表达能力。让学生把故事复述出来，彼此进行交流，让同学评点，针对小故事发表各自的见解和看法。这些过程都可以提高学生的表达能力。

第三，提高学生的阅读理解能力。几百乃至近千字的故事，能复述出来，这本身就是对学生记忆力的训练。记忆力提高了，阅读能力自然就高。通过对故事进行分析、判断、感悟、挖掘，获取主要信息，正确把握故事的主旨，理解故事的深层含义，阅读理解能力自然就得到了培养。

第四，启迪了学生的智慧。明代学者陈献章曾教导我们："一番觉悟，一番长进。"富含哲理的小故事给了学生思想上的启迪，让学生明白了很多道理：成长的过程中，磕磕绊绊总是难免的；受一次挫折，对生活的理解加深一层；失败一次，对人生的感悟增加一级；一次次磨难把我们锻炼得日趋成熟；人生的价值是由自己决定的，人生可以没有很多东西，却唯独不能没有希望，希望是人类生活的一项重要的价值；有希望之处，生命就生生不息……

第五，学生在作文时复述故事，哲理故事的智喻能让说不清的道理说清楚。

比如有这样一则故事：有一个脾气很坏的男孩，爸爸给了他一袋钉子，告诉他，每次发脾气或与人吵架之后，就在院子的篱笆上钉一颗钉子。第一天，男孩钉了 37 颗钉子。在以后的日子里，他慢慢学会了控制自己的脾气，每天钉的钉子逐渐减少了。他发现，控制自己的脾气实际上比钉钉子要容易得多。终于有一天，一颗钉子都没有钉，他高兴地把这件事告诉了爸爸。爸爸说："从此以后，如果你一天都没有发脾气，就可以从篱笆上拔掉一颗钉子。"日子一天一天过去了，最后，篱笆上的钉子全部被拔光了。爸爸带他来到篱笆边，对他说："儿子，你做得很好，可是，看看篱笆上的钉孔吧，这些洞永远也不可能恢复到原来的样子了。就像你和一个人吵架，说了些难听的话，你就会在他心里留下一个伤口，像这个钉子洞一样，要知道，心灵上的伤口和身体上的伤口一样难以恢复。

这则故事来自美国威廉·贝纳德写的《哈佛家训——一位哈佛博士的教子课本》一书。我看到这则故事，立即被深深地吸引了。如果从教育方法这一角度看，这位父亲棋高一着；如果从作文方法这一角度看，这则故事妙笔生花。文章靠什么打动人，当然是思想。然而有时候思想之精往往来自比喻之妙。作文时恰当地复述故事，把说不清的事情说清楚，把不便直接说的事情说出来，把抽象的事情说具体，使人清楚明白，产生深刻印象，受到很大震撼启发。而且精彩故事本身就包含着深刻的道理，故事复述完了，道理也就讲明白了。一个精短的故事胜过一大篓子的啰唆。

"复述故事"作文教学，学生积极参与，思维活跃，兴趣盎然，他们沉浸在成功的喜悦之中，尝到了甘之如饴的写作乐趣，喜爱上写作，效率之高是一般作文教学无法比拟的。教师精心选择故事，恰当地提出问题，不但能启发学生展开思维，激发其学习兴趣，使其获得灵感的源泉；而且还能让学生通过思索产生源源不断的灵感，建立自信心，有效地发挥主动性，在愉快的思考过程中轻松地把作文写完。这种作文教学法，化难为易，化繁为简，举重若轻。

人们所谓才能，从本质上讲不过是对于工作的爱和由这种爱而产生的顽强努力。相信我们只要热爱自己的工作，并且为之付出顽强的努力，就会慢慢摸索到引导学生写好作文的好路径。